지혜보다
밝은 눈이
어디있으랴

지혜보다 밝은 눈이 어디있으랴

초판 1쇄 인쇄 2008년 11월 20일
초판 1쇄 발행 2008년 11월 25일

엮은이 | 문 무 학
발행인 | 신 중 현
디자인 | 안 수 진
펴낸곳 | 도서출판 학이사
주소 | 700-820 대구광역시 중구 동산동 7번지
전화 | 053-554-3431~2
팩스 | 053-554-3433
홈페이지 | http://www.학이사.kr

지혜보다
밝은 눈이
어디있으랴

세계명언, 명문장 해설 _ 문무학 엮음

學而思

어떻게 살아야
잘 사는 삶인가?

세상은 어둡고

사람이 살아가는 길은 멀고 힘들다.

어두운 길, 먼 길, 힘든 길

어떻게 하면 밝게, 가깝게, 가볍게 갈 수 있을까?

그런 길이 있다.

지혜를 등불로 삼으면 그런 길이 보인다.

지혜로 빛나는 등불은 사람이 만든 말 속에 있다.

선인들은 말을 가지고 책을 만들었고,

책 속에 지혜를 숨겨두었다.

● 지혜보다
밝은 눈이
어디있으랴

책을 펼치면 그 지혜가 보인다.
힘 있는 말을 만날 수 있고,
말의 힘을 느낄 수 있다.
이 책은 바로 어두운 세상 밝히는
말의 힘, 힘의 말을 모은 것이다.
이 책의 말들은 모두 지혜의 등불이다.
그런 말을 묶어 지혜의 숲을 만들었다.
이 숲을 거니는 사람들, 세상의 어둠을 헤칠
지혜를 만날 수 있을 것이다.

2008. 가을
솔아래돌길집(松下石逕齋)에서

■ 차 례

1 출발의 장

2 길 위의 장

지혜보다
밝은 눈이
어디있으랴

3 도착의 장

• 제1장 •

출발의 장

인간의 삶은 자연 속에 존재한다. 따라서 삶을 바르게 이해하기 위해서는, 인간과 자연과 삶의 관계를 살피지 않으면 안 된다.

인간의 본성은 어떤 것이며, 그것은 자연과 어떤 관계를 맺으며 존재하는가에 대한 인식이 올바를 때, 어떻게 살아야 잘 사는 삶인가에 대한 대답을 마련할 수 있을 것이다.

인간의 바람직한 삶은 바로 이 인식에서 출발된다. 출발의 장으로 명명한 이 장에서 인간과 자연, 그 가운데 놓이는 삶에 대한 동서고금의 명언을 모아 해설하였다.

함께 생각해보며 바람직한 삶의 설계를 하도록 하자. 인간을 어떻게 이해하고 있느냐, 자연을 어떻게 보고 있느냐는 한 개인의 삶의 질을 결정하는 중요한 요소다.

무슨 일이든지 시작을 조심하라. 처음 한걸음이 장차의 일을 결정한다. 그리고 참아야 할 일은 처음부터 참아라. 나중에 참기란 더 어려운 일이다.

레오나르도 다 빈치 ■

시작은 신선하다. 그 신선함은 새로움이고 새로움은 긴장을 동반한다. 그것은 시작이 곧 일의 성패를 좌우할 수 있기 때문이다. 바르게 출발하지 않으면 정확하게 목적지에 도달할 수 없는 것이다.

인간 삶의 시작은 출생에서부터다. 그러나 출생은 자신의 의사가 아니다. 그것은 신의 뜻이다. 그래서 인간은 다시 한 번 태어난다고 할 수 있다. J. J. 루소는 다음 말을 남기고 있다.

사람은 두 번 탄생하는 것이다. 하나는 세상에 태어날 때의 탄생, 또 하나는 생활에 들어가는 탄생인 것이다.

우리나라의 철학자 안병욱도

인간은 이 세상에 두 번 태어난다. 한 번은 너의 신체적 탄생이요, 또 한 번은 너의 정신적 자아의 탄생이다.

라고 했다.

이 책 출발의 장에서 〈인간〉문제를 다루면서 논하고자 하는 출생은 루소의 '생활에 들어가는 탄생', 안병욱의 '정신적 자아의 탄생'이다. 이 책은 제2의 출생, 생활에 들어가는 탄생을 의미 있게 하기 위한 지혜로 엮어진다. 생활에 들어가는 탄생은 그 시작이 어떻게 이루어지느냐에 따라 크게 달라진다. 올바른 삶은, 올바른 시작으로부터 비롯되기 때문이다.

지혜보다
밝은 눈이
어디있으랴

인간의 타고난 성품은 본래 선한 것이다.

맹자(孟子) ■

교육학에서 성선설(性善說)로 불리는 인간의 본성이다. 맹자는 인간의 성품은 인(仁)에서 우러나는 측은지심(惻隱之心), 의(義)에서 우러나는 수오지심(羞惡之心), 예(禮)에서 우러나는 사양지심(辭讓之心), 지(智)에서 우러나는 시비지심(是非之心)으로 선하다고 주장하였다.

인에서 우러난다는 측은지심은 불쌍히 여겨서 언짢아하는 마음이며, 의에서 우러난다는 수오지심은 불의를 부끄러워하고 남의 착하지 못함을 미워하는 마음이다.

예에서 우러난다는 사양지심은 사양할 줄 아는 마음을 가리키며, 지에서 우러난다는 시비지심은 시비를 가릴 줄 아는 마음을 가리킨다. 이[인, 의, 예, 지]를 4단(四端)이라고 한다.

인간은 이렇게 본성이 선하기 때문에 교육은 선한 인간의 본성을 더욱 발휘되도록 해야 한다는 것이다. 따라서 인간은 타고난 본성을 지키기 위하여, 불쌍히 여기는 마음을 가져야 하며, 부끄러워 할 줄 알아야 하고, 악을 증오하는 마음을 키워야 한다. 그리고 사양할 줄 알아야 하며, 옳고 그름을 판단하는 마음을 길러야 한다.

산업 사회에 접어들어 인간의 삶이 복잡해지면서 인간성을 상실하고 있다는 말을 많이 하고 있으며 인간성 회복을 위한 노력을 게을리 하지 말아야 한다는 주장이 높다.

이때의 인간성이란 바로 맹자가 제시하는 인, 의, 예, 지에서 우러나는 측은지심, 수오지심, 사양지심, 시비지심을 가리키는 것으로 이해해도 괜찮다. 인간이 본성을 가꾸는 일에 충실하다면 우리 사는 세상이 더욱 밝아질 것은 두 말할 나위 없다.

인간의 성품은 본래 악한 것이다.

순자(荀子) ■

　앞에서 살핀 바 있는 성선설에 대립되는 성악설(性惡說)이다. 인간의 성품은 본래 악하다는 것이다. 순자는 사람의 성품은 선천적으로 악한 것이므로 배움과 수양을 통해 선하게 바로 잡아야 된다고 주장하였다.
　인간의 본성을 파악하는 데 있어 맹자는 선, 순자는 악으로 대립하고 있지만 인간이 인간으로 살기 위해서는 배우고 수양해야 한다는 점에서는 다르지 않다.
　현대 산업 사회에서 인간의 본성이 정말 악한 것이 아닐까 하는 의문을 가질 수 있는 일들이 참으로 많이 일어나기도 한다. 그런 반면 착하게 사는 사람들이 감동을 주는 경우도 많아, 선이다, 악이다, 2분법으로 부러지게 판단하기 어려운 경우가 많다.
　여기에 대한 판단은 순전히 개인의 몫이다. 참고로 칸트가 그의 [인간학]에서 밝힌 견해를 보면,

　인간은 본성상 선인가, 악인가, 혹은 본성상 선할 수도 있고, 악할 수도 있게 되어 있는 것으로서 인간을 교육하는 솜씨 여하에 달려 있는가 하는 문제가 있다. 만약에 선할 수도 있고 악할 수도 있다고 한다면, 인류는 성격을 갖고 있지 않은 것으로 될 것이다. — 그러나 이것은 모순이다.

라고 말하고 있다.
　따라서 우리는 인간의 본성이 어떤 것일까 하는 의문에 답을 마련해 보려고 노력해야 할 것이다. 그 노력이 인간을 이해하는 기본이 될 수 있기 때문이다.

지혜보다
밝은 눈이
어디있으랴

돼지가 되어 즐거워하는 것보다 사람이 되어 슬퍼하는 것이
낫다.

소크라테스 ■

소크라테스는 그리스 아테네 출생의 철학자다. 당시 그리스에서 유행
하던 궤변을 통하여 진리를 상대적, 주관적으로 해석하던 태도를 배격하
고, 객관적이고 보편타당한 진리를 찾아서 이상주의적, 목적론적 철학을
수립하려고 노력한 사람이었다.

그는 '너 자신을 알라' 라는 유명한 명언을 남겼지만 아무런 저서도 남
긴 바 없는 철학자였다. 소크라테스가 한 권의 저서를 남기지 않았다는
것도 생각해 볼 가치가 있는 것이다. 그는 국가의 제신(諸神)을 믿지 않았
다는 죄로 사형언도를 받고, 도주할 수도 있었지만 [악법도 법]이라고 하
며, 독배를 마시면서 제자들에게 '빌린 닭 한 마리를 갚아 달라' 는 부탁
을 남겼다.

이 대(大)철학자가 우리에게 남긴 '돼지가 되어 즐거워하는 것보다 인
간이 되어 슬퍼하는 것이 낫다' 는 말은 생각하는 삶이 참으로 소중하다
는 뜻을 내포하고 있을 뿐만 아니라 인간이 아무리 슬프다 해도 동물보다
는 낫다는 것이다. 인간이 지혜를 가졌다는 것을 매우 고귀하게 생각한다
는 말이다. 지혜보다 밝은 눈이 어디 있으랴.

이는 결국 셰익스피어의 햄릿에 나오는 "인간, 얼마나 위대한 걸작인
가, 이성은 고귀하고, 능력은 무한하고, 행동은 천사와 같고 이해는 신과
같다. 세계의 미(美)요, 만물의 영장이다"라는 말들과 궤를 같이 하는 것
이며 지혜를 가진 인간의 위대성을 가르치고 있는 말이다.

인간은 강과도 같은 것이다. 물은 어느 강에서는 어디를 흘러가든 역시 같은 물이요, 강에는 빠른 것도 있고 넓은 것, 고요한 것, 찬 것, 흐린 것, 따뜻한 것도 있다. 인간은 이런 것이다.

L. N. 톨스토이 [부활]에서 ■

   톨스토이 만년의 대표작으로 불리는 [부활]의 줄거리는 다음과 같다. 귀족 출신인 청년 장교 네플류도프에게 농락당한 소녀 카추샤가 실연 끝에 타락 생활로 들어가다가 살인 혐의를 입고 시베리아로 귀양을 가게 된다. 네플류도프는 양심의 가책을 받아 귀양 가는 카추샤와 동반하면서 물질적으로 도와줄 뿐 아니라 자기가 수양한 종교적 마음으로 그 여자를 정신적으로 부활시켜 주려고 했다. 그렇지만 그 여자는 네플류도프가 말하는 신의 사랑에 의하지 않고 같이 귀양 가는 정치범 시몬손과의 결합을 통하여 부활하게 된다는 것이다.

   이 소설에서 인간이 이렇게 비유되고 있는 것은 인간이 인간에게 얼마나 다양하게 비칠 수 있는가 하는 것을 말해주기 위해서다. 위에 인용한 말 앞에서 톨스토이는,

   이 세상에 널리 퍼져있는 미신의 하나는, 인간은 제각기 일정한 성질을 갖고 있다는 것이다. 즉 선한 자, 악한 자, 영리한 자, 어리석은 자, 근면한 자, 태만한 자 등 여러 사람이 있다는 것이다. 그러나 인간을 그렇게만 말해 버릴 수는 없는 것이다.

라고 설명하고 있다.

   인간은 이런 저런 인간으로 구분할 수 있는 것이 아니라는 것이다. 강과 같기 때문에……

인간은 자연 속에서도 가장 가냘픈 한 줄기의 갈대에 지나지 않는다. 그러나 그것은 생각하는 갈대다.

파스칼 [팡세]에서 ■

인간을 정의하는 말로 널리 알려진 명구(名句)이다. 이 말에 이어지는 파스칼의 말을 계속 듣는 것이 이 명언의 뜻을 바르게 이해하는 길이 될 것이다.

이것(인간)을 짓밟아 버리는 데 우주 전체는 아무런 무장도 필요 없다. 바람이 한 번 불기만 해도 이것을 죽일 수 있고 물 한 방울 가지고도 죽이기에 충분하다. 그러나 우주가 이것을 죽일 때에도 죽이는 그것보다는 인간이 고귀할 것이다. 왜냐하면 인간은 자기가 죽는 것을 알고 우주가 인간 위에 우월하게 존재한다는 것을 알고 있으니까. 그러나 우주는 그것에 대해서 아무것도 모른다.

인간은 한없이 가냘픈 존재이기도 하지만 그러나 이 우주에서 생각할 수 있는 유일한 존재이다. 인간이 우주를 지배하는 근원적인 힘도 생각에서 나온 것이다. 따라서 인간은 한없이 연약한 갈대 같은 것이지만 생각하는 위대한 힘을 가진 것이다.

인간의 역사는 이 위대한 힘에 의해 쌓여졌으며, 문명과 문화의 발달과 발전도 여기에 힘입은 것이다. 인간의 이 생각하는 능력을 어떻게 활용하는가가 바로 인간의 근본 문제라 할 수 있을 것이다.

인간의 육체는 병들고 죽어 없어지지만 인간이 남긴 생각의 결과는 인류의 역사 속에 언제나 반짝이게 되는 것이다. 생각하는 갈대로 비바람 속에 서 있는 것이 인간이다.

인간은 천사도 짐승도 아니다. 그런데 불행한 것은 천사의 흉내를 내려하면서 짐승의 흉내를 낸다.

파스칼 ■

파스칼은 프랑스의 사상가이며 수학자였다. 1642년 계산기를 발명하기도 했지만, 수학과 과학의 분야에서도 많은 업적을 남겼다.

인간은 생각하는 갈대라는 명제 외에도 인간이 무엇인가를 밝히는 명언들을 남겼다. 위의 명언은 [인간은 신과 악마와의 사이에 부유(浮遊)한다]라는 말로 전해지기도 한다. 인간이 인간으로서의 일을 다 하지 못하고 범죄를 저지른다는 것이다. 인간이 범죄를 일으키는 원인은 여러 가지로 분석이 가능하겠지만 가장 큰 원인은 욕심에서 찾는 것이 아주 타당할 것이다.

파스칼이 남긴 인간에 대한 명언을 더 살펴봄으로써 이 명언의 이해를 깊게 하자.

요컨대 사람은 자기가 비참한 것을 알고 있다. 그러므로 그는 비참한 것이다. 그러나 인간은 그야말로 위대한 것이다. 왜냐하면 그는 자기가 비참한 것을 알고 있으니까.

인간에는 두 종류 밖에 없다. 하나는 자기를 죄인이라고 생각하고 있는 의인(義人)이며, 다른 하나는 자기를 의인이라고 생각하고 있는 죄인(罪人)이다.

이 세상에는 그릇된 생활을 하고 있는 세 가지 인간형이 있다. 금세 화를 내는 인간, 간단히 용서하는 인간, 너무나도 완고한 인간이다.

이 명언들을 읽으면서 나는 어떤 사람인가를 냉정하게 되돌아본다면 내 삶에서 빛을 더 얻을 수 있을 것이다.

인간에 대한 가장 나쁜 죄는 인간을 미워하는 것이 아니라 무관심이다.

G. B. 쇼 ■

  인간이 저지를 수 있는 죄는 참으로 많다. 사회 구조가 복잡해지면서 죄는 법에 의해만 가름되는 것으로 생각하지만 법에 저촉되지 않는 죄도 수없이 많은 것이다. 그런 죄 중에 인간에 대한 무관심이 가장 나쁜 죄라고 하는 것이다. 인간을 사랑한다는 것은 관심을 갖는다는 것이다. 인간에 대한 관심만이 현대 사회의 각종 병리 현상을 치유할 수 있을 것이라는 생각은 그리 어렵지 않은 것이다.
  마리 로랑생은 그의 [진정]이라는 시에서 이와 유사한 내용의 시를 읊고 있다.

> 갑갑한 여자보다
> 좀더 가엾은 것은
> 쓸쓸한 여자외다.
>
> 쓸쓸한 여자보다
> 좀더 가엾은 것은
> 불행한 여자외다.
>
> 불행한 여자보다
> 좀더 가엾은 것은
> 병든 여자외다.
>
> 병든 여자보다
> 좀더 가엾은 것은
> 버림받은 여자외다.
>
> 버림받은 여자보다
> 좀더 가엾은 것은
> 의지할 데 없는 여자외다.
>
> 의지할 데 없는 여자보다
> 좀더 가엾은 것은
> 쫓겨난 여자외다.
>
> 쫓겨난 여자보다
> 좀더 가엾은 것은
> 죽은 여자외다.
>
> 죽은 여자보다
> 좀더 가엾은 것은
> 잊혀진 여자외다.

인간은 자기 자신에 의해서만이 구제된다. 자기에 의해서, 그리고 자기 속에서……

프란초스 [바르노프의 유태인]에서 ■

　인간의 본성이 어떤 것인가를 파악하는 것은 결코 쉽지 않은 일이다. 그러나 분명한 것은 프란초스가 말하는 위의 명언이다.
　인간은 오로지 자기 자신에 의해서만이 구제가 가능한 것이다.
　E.프롬은 그의 저서[사랑의 기술]에서도,

　인간은 [나]라고 말할 수 있는 동물, 즉 그 자신을 독립된 개체로서 인식할 수 있는 동물이라고 정의할 수 있다.

고 했는데, 이 말도 자기 인생의 책임이 자기에게 주어져 있다는 것이다. 독립된 개체로서 인식할 수 있는 능력을 가진 유일한 동물이 인간인 것이다. 따라서 인생을 설계하는 데 있어 자기 자신을 구제할 수 있다는 사실을 알고 있다는 것은 매우 중요하다. 자신의 인생은 자신의 경영에 있다.
　인생의 성패는 결코 남의 탓이 아니라 제 책임이다. 자신의 인생은 오로지 자기가 어떻게 살아가느냐에 따라 달려있는 것이다. 그리고 자기 자신에 의해서만 오로지 구제될 수 있는 것이다.
　그렇다면 우리는 인생을 어떻게 설계하고 살아가야 할 것인지에 대해 심각하게 생각해 보아야 한다. 인생은 자신에 의해서만 완성되어지는 것이기 때문이다.
　자신 이외의 그 어떤 사람도 자기 인생을 구제해 줄 수 없는 것이다.

자연은 신이 쓴 위대한 책이다. 한 포기의 조그만 꽃 속에 신비가 깃들이고 한 마리의 이름도 없는 벌레 속에 경이가 배어있다.

안병욱 [행복의 미학]에서 ■

자연의 위대함을 강조하는 말이다. 자연의 신비로움과 경이는 곧잘 신과 연결되어 많은 명언을 남기고 있다.
이 명언들을 통해 자연의 신비로움을 다시 깨닫자.

자연은 신의 예술이다.   -단테-

자연은 모두 신의 영원한 장식이어라.   -괴테-

자연은 무한히 분할된 신이다. 신과 자연은 완전히, 서로 똑같은 두 개의 힘이다.   -실러-

자연은 신이 인간을 지배하는 기술이다.   -홉스-

이와 같이 자연을 신의 위치에 놓는 견해가 지배적이다. 그리고 자연은 인간에게 위대한 교훈을 준다. 칸트는 그의 [일반역사학]에서,

인간은 안락하고 만족하게 살고 싶어 한다. 그러나 자연은 인간이 안락과 무위의 만족에 빠지지 않게 하고 노고와 노동을 이겨내는 수단의 발견에 지혜를 쥐어짜게 하려고 노고와 노동 속으로 인간을 몰아넣는 것이다.

라는 말을 남기고 있다.

우리를 둘러싸고 있는 이 대자연은 생명의 샘이다.

타고르 ■ |

　자연이 인간 생명의 샘이라는 사실을 사람들은 깊이 인식하고 있다. 그러나 잘 보호해야 한다는 인식은 부족하다. 오늘날 이 지구 위해서 인간이 자연을 학대하여 일어나는 일은 인간의 삶을 위협하는 수준에 이미 와 있다고 보는 것이 옳을 것이다.

　이런 사실은 E. 프롬의 [소유냐 삶이냐]에서 다음과 같이 설명되고 있다.

　우리는 인간과 자연과의 조화라는 예언자들의 비전을 포기하고 자연을 정복하고 그것을 우리 목적에 맞게 변형시킴으로써 해결하려고 하였다. 그 결과 자연의 정복은 점점 더 자연의 파괴에 이르게 되었다. 정복과 적대감에 눈먼 우리들은 천연자원이 유한하다는 사실, 따라서 끝내는 그것이 고갈되어 버릴 수 있다는 사실, 자연이 인간의 탐욕에 대해 반격을 가해 오리라는 사실을 인식하지 못했다.

고 간파하고 있다. 또 E. 프롬은 [건전한 사회]에서도,

　인간은 자연의 한 부분이며, 결코 자연을 초월하지 못한다.

고 경고하고 있다. 그러면 인간이 자연에 대해 취할 태도는 무엇인가? F. 베이컨의 견해를 빌리자.

　사람은 오로지 순종함으로써 자연을 지배한다.

자연을 보라. 그리고 자연이 가르치는 길을 따라가라.

J. J. 루소

　루소의 명지 [에밀]은 그의 자연과 신을 보는 견해와 교육사상을 표명한 글이다. 여기서 루소는 자연의 위대함을 강조하고 있다.
　루소는 이 책에서 이 말 외에도 자연에 관한 명언을 남기고 있다.

　자연은 절대로 우리를 기만하지 않는다. 우리 자신이 언제나 자기를 기만하는 것이다.

　신이 창조한 그 모든 것들은 모두가 선 그대로였다. 그러나 인간의 손길이 닿자 모든 것은 악으로 변하고 말았다.

고 쓰고 있다. 그 외에도 자연에서 배워야 한다는 뜻의 말은 여러 사람들에 의해 제기되었다. 즉 영국의 작가이며 정치인이기도 한 디즈레일리는,

　자연의 걸음걸이에 맞추어라. 자연의 비밀은 인내이다.

라고 했고, 프랑스 조각가 로댕은

　자연을 너희들의 유일한 신으로 섬겨라. 자연을 절대로 신뢰하고 그것이 결코 추하지 않음을 확신하여라.

고 당부하고 있다.

신과 자연을 떠난 행동은 곤란하며 위험하다. 왜냐하면 우리는 자연을 통해서만 신을 인식할 수 있기 때문이다.

J. W. 괴테 [스트라스부르 시대의 감상]에서 ■

인간이 자연을 무시하고 이룰 수 있는 일은 얼마나 될까? 이 문제에 대해 깊이 생각하지 않아도 자연을 무시한 인간의 삶은 사실상 잠시도 지탱하기 어렵다. 이미 프랑스 사상가 M. E. 몽테뉴는 그의 [수상록]에서,

진실로 모든 일에 있어서 자연이 좀 거들어 주지 않는다면 인간이 영위하는 기술이나 기교는 조금도 진전을 보지 못하리라.

고 단언한 바 있는데 이는 부정할 수 없는 사실이다.

이제 인간은 심각한 대기 오염과 수질 오염을 통해 자연 파괴에 눈을 돌리기 시작했다. 그러나 이미 늦은 감이 없지 않다. 그래서 세계 환경회의라는 국제기구를 발족시키기도 했고 모든 국가가 환경에 지대한 관심을 쏟기 시작했다. '하나 뿐인 지구' 라는 말이 좀더 실감 있게 들리는 이 시대, 인간의 삶이 자연에 의존되어 있다는 사실은 아무리 강조되어도 지나치지 않는 것이다.

우리나라의 박종홍도 그의 [새로운 것]이라는 글에서

사람이 새로운 것을 만든다고 하여 자연을 배반할 수는 없다. 자연의 이치를 순종할 때에 발명도 창조도 비로소 가능한 것이다.

라는 말로 인간의 자연을 떠난 행동에 준엄한 경고를 보내고 있다.

모든 예술, 모든 교육은 단순히 자연의 부속물에 지나지 않는다.

아리스토텔레스 ■

　인간보다 자연이 우월하다는 사실을 말한다. 인간이 창조한 예술작품이 아무리 위대하다 해도 자연의 조화만큼 신비롭지는 않다. 인간의 위대함을 아무리 강조한다 해도 자연 앞에 겸손해지지 않으면 안 된다. 다음의 고사를 보면 이 사실을 인정하지 않을 수 없을 것이다.

　진(晉)나라 맹가(孟家)는 정서장군(征西將軍) 환온(桓溫)의 부하였는데 환온의 신임을 받고 있었다.
　9월 9일은 중양절이라 높은 산에 올라가 맑은 술을 마시게 되었다. 드디어 주흥이 돌아 큰 술잔이 오고 갔다. 그러나 맹가는 끄떡없었다.
　"자네는 어떠한 흥취를 술에서 얻었나?"
하고 환온이 물은 즉,
　"아직 흥취가 날 만큼 술을 충분히 마셔 본 일이 없습니다."
라고 맹가가 대답했다.
　"그런데, 기생을 불렀을 때 가야금보다는 피리 부는 것이 좋고, 피리 부는 것보다는 노래가 더 좋게 느껴지는 데 그 까닭은 무엇일꼬?"
라고 물었다.
　"결국 자연에 가까운 것이 더 매력을 주는 것이 아닐까 합니다."
라고 대답하였다고 한다.

산다는 것은 활동한다는 것이다.

J. J. 루소 ■|

　루소의 유명한 저서 [에밀]에서 자녀 교육에 관해 논하면서 쓴 말이다. [에밀]에서 이 말의 뜻은 자녀를 무턱대고 보호하기 보다는 스스로 그의 운명을 개척할 수 있도록 해야 한다는 쪽에 무게가 실린다. 그러나 이 말은 그 뜻이 크게 확장될 수 있는 명언이다.

　예를 들어 네덜란드의 화가 반 고흐는 "가만히 앉아 있으니 보다 일을 하다 실패하는 편이 낫다"고 한 말도 산다는 것이 활동하는 것이라는 사실을 뒷받침한다.

　미국의 교육학자 레오 버스카글리아가 쓴 [살며 사랑하며 배우며]에서 쓴 다음 글을 보면 우리는 이 진리를 더욱 분명하게 인식할 수 있다.

　우리는 산다는 것을 몹시 두려워하기 때문에 우리는 무엇인가를 하려고도 하지 않는다. 또 보지도 느끼지도 못한다. 그러므로 우리는 살아 있는 것이 아니다. 산다는 것은 적극적으로 인생에 참여하는 것이다. 또 인생의 한 가운데에 뛰어들어야 하는 것이다. 그리고 인생이란 실패할 때도 있는가 하면 자신의 한계를 넘어 멀리 하늘의 별에 도달할 수도 있다. 그러나 여러분은 스스로 [인생이란 나에게 어떤 의미를 주는가?]에 대해 판단해야 한다. 만일 우리가 매일 15분 정도만 인생을 살아가는 일과 사랑에 대해 생각하며 보낸다면, 우리는 자신이 믿을 수 없을 정도로 뛰어난 인간이 될 것이다.

　아무 것도 하지 않으며 보내는 시간, 그것은 삶이 아니다.

지혜보다
밝은 눈이
어디있으랴

삶을 배우려면 일생이 걸린다.

L. A. 세네카 ■

　삶이 무엇인가를 안다는 것은 참으로 어렵나는 뜻의 말이나. 인간의 삶은 사실상 무엇이라고 정의할 수 없는 것일지도 모른다. 그래서 위에 제시한 명언과 같은 뜻의 말들은 참 많다.
　테오프라스토스라는 그리스 철학자는

　우리들의 삶은 우리들이 삶의 문제를 이해하기 시작한 순간에 닫혀진다.

고 하여 삶을 배우려면 일생이 걸린다는 것을 다른 말로 표현했다.

　"내 사전에는 불가능이 없다."고까지 한 나폴레옹도 [센트헬레나]에서 안토노미르키 의사에게

　인생이란 당신도 나도 그에 대해서는 아무것도 알지 못하는 요새(要塞)이다.

라고 했다.
　그러나 많은 철학자들과 사상가 · 시인들은 끊임없이 이 문제의 답을 탐구하고 있다. 미국 시인 스티븐스는 "삶에 관해서 생각하는 것을 제외하면 삶에는 아무것도 있지 않다."고 했는데 이 말은 끝없는 의문의 탐구가 삶의 그 본질이란 것으로 풀이할 수 있는 것이다.
　삶이 무엇인가를 생각하는 것을 포기해서는 안 된다. 그래서는 올바른 삶을 살 수 없다. 삶이 무엇인가에 대한 자기 견해가 분명히 서 있어야 바른 삶을 살 수가 있다. 스스로의 정의가 만인에게 공감되지 않는다 해도 자기 삶의 목표를 정립하기 위해서는 나름대로의 답을 마련해보려는 노력을 하지 않으면 안 된다. 그것이 설사 영원히 풀지 못할 일일지라도….

사는 것이 중요한 문제가 아니고 바로 사는 것이 중요한 문제다.

소크라테스 ■

　[바로 사는 것]은 행동에 옮기기도 어렵지만 그 정의도 간단하지만은 않다. 이 말 뜻을 바르게 이해하기 위해서는 바로 사는 것이 무엇인가를 먼저 알아 볼 필요가 있다.

　어떻게 사는 것이 바로 사는 것일까?

　이 물음에 답하기는 그리 쉽지 않다. 사람마다 그 기준이 다소 다를 수 있기 때문이다. 삶의 가치관이 다르기 때문인 것이다. 무엇을 제일 소중하게 생각하며 살고 있는가에 따라 조금씩 달라질 수 있는 것이다.

　그러나 이 같은 가치관의 차이를 넘어서 바로 산다는 것은 [바르다]는 말의 의미에서 찾을 수 있다. [바르다]라는 말은 〈도리에 맞다〉로 풀이된다.

　따라서 도리에 맞는 삶을 사는 것이 바르게 사는 것이다. 그러면 또 [도리]는 무엇인가? 도리는 〈사람이 마땅히 해야 할 바른 길〉이란 뜻이다.

　사람이 마땅히 행하여야 할 도리는 이념과 국가와 민족 등에 따라 다소 차이가 날 수는 있다. 그러나 보편적 가치로 따져 볼 때, 최소한 남에게 폐 끼치는 삶이 되어선 안 될 것이며, 설사 법에 저촉되지 않는다 하더라도 도덕적으로 옳지 못한 일을 하는 것은 사람의 도리가 아닌 것이다.

　가족과 사회, 국가, 인류의 한 구성원으로서 개인의 삶은 그가 속하는 모든 조직에 해를 끼치고 살면서 바른 삶이라고 할 수 없는 것이다. 인간의 도리를 지키는 가운데 자기 일에 최선을 다해 사는 삶을 산다면 그것이 바른 삶이 될 것이다.

삶이란 변화를 의미하는 것이다.

신지식 [아름다운 꿈]에서 ■

　인간의 삶은 언제나 내일에 대한 기대로 꽉 치 있는 것이다. 오늘이 아무리 아픈 삶일지라도 내일은 오늘보다 나을 것이라는 확실한 기대를 갖고 있는 것이다. 이런 기대 없이 인간의 삶은 잠시도 지탱할 수 없는 것이다.

　그래서 우리의 삶은 그 변화를 기대하는 속에 있고 변화를 위해 노력하는 과정에 있다. 만약 날마다 맞이하는 우리들의 삶이 조금도 변화하지 않으면 우리는 얼마나 많이 절망하겠는가?

　그러나 변화는 저절로 주어지는 것은 아니다. 변화시키려는 개인의 피나는 노력이 뒤따라야 한다. 아무것도 하지 않으면서 무슨 큰일을 이루려고 하는 것처럼, 아무 노력도 하지 않고 변화가 있기를 바라는 것은 있을 수 없는 일이다.

　인류 문명의 발달은 인간의 변화 욕구에 의해 발달되어 온 것이다. 늘 주어진 것에 만족하고 어떤 변화를 갈망하지 않았다면 인류 문명의 발달은 이루어지지 않았을 것이다.

　늘 새롭기 위해 노력하는 사람의 삶은 진취적이다. 그래야만 내일이 오늘과 다를 것이며, 내일 또한 그 다음 날과 다를 것이다. 일반적으로 사람이 나이가 들수록 변화를 두려워하는 경향이 있지만 변화를 두려워하는 데서는 어떤 희망을 캐낼 수도 없다.

　젊음의 도전은 반드시 어떤 변화를 이루어내고 말 것이다. 변화를 위한 땀 흘리기, 그것은 분명 의미 있는 노력이다.

나는 사람이 사는 목적이란 사랑하고, 예지(叡智)를 활용하며, 창
조해가는 것이라고 말하고 싶습니다. 사람은 이 세 가지 목적 전
부를 추구하기 위하여 모든 능력과 정력을 바쳐야만 된다고 생각
합니다. 그리고 필요하다면 이들 목적을 달성하기 위하여 자신을
희생시키지 않으면 안 된다고 생각합니다.

A. J. 토인비 [대화]에서 ■

토인비의 [대화]는 일본의 한 교수와 나눈 대화를 책으로 묶은 것이다.
그러나 이 대화는 의도적으로 젊은이들의 문제를 취급하고 있다.

이 대화의 첫 번째 질문 "인간은 무엇 때문에 살아야 하는가, 인생의 목
적이란 무엇인가, 특히 최근에 커다란 과제가 되고 있는 '삶의 보람'에
대하여 교수님은 어떻게 생각하고 계시는지…"에 대한 대답이다.

"나는 사람이 사는 목적이란 사랑하고 예지를 활용하며 창조해 나가는
것이라고 말하고 싶습니다."라고 전제하고, 사랑은 "자기를 몰각시켜 다
른 생명, 다른 사람들, 우주, 그리고 우주의 배후에 있는 것으로 향하는
것입니다."라는 설명을 하고 있다.

예지의 활용은 우리 사랑의 대상을 올바른 방향으로 쏠리게 하기 위하
여, 사랑의 대상을 어떻게 가려내고 어느 것에 우선적으로 쏠리게 하는가
를 결정하는데, 이성(理性)에 입각한 생각을 하는데 필요한 것이라고 하
였다.

창조적이란 우리들이 살고 있는 이 우주를 바꾸려고 노력하는 것으로
본다. 우주에 이미 부여된 것에 나쁜 것이 아닌 좋은 것을 더 보태려는 것
이다.

인간이 사는 보람을 사랑, 예지, 창조로 제시하고, 사람이 평생을 바치
며 스스로를 희생시킬 만한 목적이 여기에 있다고 했다.

자기 자신보다 다른 사람을 위하여 살아가야 한다.

A. 모르아 ■

　모르아는 소설가, 역사가, 전기 작가, 평론가로 활동한 프랑스 사람이다. 그의 글은 철학적인 내용을 담고 있으면서도 직접 체험한 사실들을 바탕으로 알기 쉽게 서술하여 많은 독자를 확보하고 있다.
　위의 말은 그가 [어떻게 살아갈 것인가]라는 글에서 인생의 규칙 네 가지를 제시했는데 그 첫 번째 것이다. 모르아는 이 첫째 규칙을 제시하면서 다음과 같은 설명을 하고 있다.

　자기 자신에 대하여만 생각을 집중시키는 사람은 항상 불행하게 된 예를 무수히 보아왔을 것입니다. 그는 자기가 하고 싶었던 것, 하지 않으면 안 되는 일을 전혀 하지 못한 셈입니다. 그는 수중에 둘 만하다고 생각한 것을 한 번도 수중에 두지 못한 셈입니다. 그는 꿈 속에서조차 남에게 사랑을 받은 일이 없습니다. 만일 그 사람이 자기 자신의 과거를 곰곰이 생각해 보면, 그는 회한과 양심의 가책만을 느낄 것입니다. 그것도 지금에 와서는 아무 소용이 없는 그런 것들입니다.
　우리들의 과실은 망각에 바쳐져 있습니다. 그것이 과실의 가치 전부입니다. 지워버릴 과거는 빨리 말살하고 그 대신 당신의 자랑이 될 수 있는 현재의 건설에 힘을 기울여 주십시오. 자기 자신과의 모순이야말로 모든 악의 근원입니다. 타인을 위하여, 조국을 위하여, 아내를 위하여, 일을 위하여, 굶주린 사람들을 위하여, 박해받는 사람들을 위하여 사는 사람들은 이상할 정도로 모두가 자신의 고뇌나 시시한 잔걱정을 잊을 수 있습니다.
　즉, 참된 외계(外界)야 말로 참된 내계(內界)인 것입니다.

행동하지 않으면 안 된다.

A. 모르아 ■

모르아가 [어떻게 살아갈 것인가]에서 제시한 두 번째 규칙이다. 이 규칙의 설명은 다음과 같이 이어진다.

세계의 부조리에 대해 탄식하는 대신 우리들이 행동하는 한쪽 반경만이라도 개선하도록 시도해 보십시오. 우리들은 전 세계를 변화시키려 해도 불가능한 것이고, 또 누가 전 세계를 변화시킨다는 것은 거의 바랄 수 없는 일이기 때문이지요.

우리들의 목표는 아주 현실적이고 간단한 것입니다. 결국 우리들이 직업을 선택할 때 그것을 충분히 이해하고, 그것을 익히고, 그것에 통달하려는 자세가 필요합니다. 누구든지 자신의 행동반경을 갖고 있습니다. 나는 책을 쓰고, 목수는 나의 책꽂이 선반을 짜주고, 순경은 교통을 정리하며, 건축기사는 건설의 도면을 그리고, 시·군·면장은 시·군·면의 관리를 담당합니다.

모든 일은 괴로워하지 않는 범위 내에서 신체를 움직여 손수 작업하는 것이 제일 행복합니다. 그것은 한가할 때에 여러 가지 스포츠와 같이 얼른 보기에 쓸데없이 보이는 동작을 함으로써 무료를 달래는 것으로도 알 수 있습니다. 흙투성이 속에서 태클하는 럭비도 즐거운 일입니다. 유용한 행동을 했을 때 나타나는 효과를 우리들은 즐깁니다. 활동적인 시장(市長)은 청결한 시를 만들고, 활동적인 신부는 활기 넘치는 성당을 만들어 그 성공을 보고 만족해 합니다.

지혜보다
밝은 눈이
어디있으랴

의지의 힘을 믿지 않으면 안 된다.

A. 모르아 ■

　모르아의 [어떻게 살아갈 것인가]에서 제시한 세 번째 규칙이다. 그 설명을 따라가 보자.

　미래는 완전히 결정되어 있다는 말은 전혀 진실이 아닙니다. 위대한 인물은 역사의 흐름을 수정할 수가 있습니다. 용기 있는 사람이면 누구든지 자기 자신의 미래를 수정할 수가 있습니다.
　물론 누구나가 다 만능이라는 것은 아닙니다. 개인의 자유에도 한계는 있습니다. 자유는 가능성과 의지의 경계선상에 위치하고 있습니다. 전쟁을 막으려 해도 혼자의 힘으로는 도저히 막을 수 없습니다. 그러나 어떤 행동을 언어와 문서로 행하는 것은 나도 할 수 있습니다.
　나는 나의 동포에게 "당신들은 모욕을 당하고 있다."라든지 "당신들은 조국과 함께 자살하는 것을 명예로 삼아라."라는 등의 말은 어떠한 경우에도 삼갈 수가 있습니다. 싸움에 이기는 것은 자기 나름이라고 할 수 없지만, 전황에 따라 용감한 병사가 되느냐 안 되느냐는 나의 행동에 달려 있습니다.
　"의지의 한계는 어디까지 해낼 수가 있느냐에 달려 있다."는 말과 같이 한계 같은 것엔 신경을 쓰지 말고, 최선을 다하여 자기 자신을 통제할 필요가 있습니다. 태만과 비열은 가장 버려야 할 금기 사항입니다. 일과 용기는 적극적 행위의 성과입니다. 의지는 아마 미덕의 여왕이라고 할 수 있겠지요.

약속과 계약에 대해, 자기 자신에 대해 성실해야 한다. 결코 속이는 일이 없는 인간이 되어야만 된다.

A. 모르아 ■

모르아가 [어떻게 살아갈 것인가]에서 제시한 네 번째 규칙이다. [성실]이란 말로 요약한 이 마지막 규칙의 설명은 다음과 같이 이어진다.

성실은 쉬운 미덕이 아닙니다. 무수한 유혹이 주고받는 약속을 깨뜨려 버립니다.

당신은 이렇게 말할 것입니다.

"무엇이라고요? 만일 내가 한 푼의 성실도 찾아볼 수 없을 만큼 어리석은 여자와 결혼했다고 할 때, 나는 그 여자에게 성실해야만 된다고 말씀하시는 겁니까?

내가 만일 어떤 직업을 선택했다고 할 때 그리고 그 직업이 나의 기대에 어긋난다는 것을 알게 되었을 때 나는 새 출발을 스스로 금해야 된다는 것입니까?

내가 만일 어느 정당에 가입했을 때 그 정당이 부패한 사람들로 구성된 집단이라는 것을 후일 알게 되었을 경우 전보다 훨씬 청렴한 다른 정당에 가입하는 것을 거절해야만 된다는 것입니까?"

아니, 그것은 틀립니다.

성실은 맹목적이 아닙니다. 오직 아량의 결여라 할 수 있는 불성실을 택하는 실수의 원인이 안 되게 해야 된다는 것입니다. 그러나 한 여인을 모범 여성으로 만든다든지 선택된 직업을 훌륭히 해낸다든지 정당의 체질 개선을 한다는 따위는 가능합니다. 성실은 성실을 정당화시키기 때문이지요.

인생의 목적은 끊임없는 전진이다. 앞에는 언덕이 있고, 냇물이 있고, 진흙구덩이가 있다. 평탄한 길만이 있는 것이 아니다. 먼 곳을 향해 가는 배가 풍파를 만나지 않고 고요하게만 갈 수는 없다. 풍파는 언제나 전진하는 자의 벗이다. 차라리 고난 속에 인생의 기쁨이 있다. 풍파 없는 항해, 얼마나 단조로운가, 고난이 많을수록 나의 가슴은 뛴다.

니체 ■

　누구나 인생의 길이 평탄하기만을 바라는 것은 부인할 수 없는 사실이다. 그러나 인생의 길은 결코 평탄할 수는 없는 것이다. 인간의 손이 가닿지 않은 자연 속을 걸어간다고 생각해 보자. 그냥 사람이 걷기에 좋도록 주어져 있는가. 뛰어넘어야 할 구릉도 있고, 숨 가쁘게 올라야 할 언덕도 있는 것이다. 이렇게 인생은 고난의 길일 수밖에 없는 것이다.

　따라서 평탄하지 않은 길을 뛰어넘지 않고서는 아무것도 이룰 수 없는 것이 인생이다. 그래서 위대한 인생은 고난을 해쳐온 것에 비례해서 탄생되는 것이다. 그리고 우리 주변의 사람들을 생각해 보라. 주위로부터 존경받는 사람들 모두 고난을 겪지 않은 사람이 없다는 사실을 쉽게 발견할 수 있을 것이다.

　따라서 고난을 얼마나 담담하게 받아들이며 그것을 극복하느냐에 따라 인생의 성패가 결정되는 것이다. 니체처럼 [풍파 없는 항해, 얼마나 단조로운가]라고 반문하는 정도는 못 된다 하더라도 성공적인 인생을 살고 싶은 사람은 고난을 최소한 담담하게 받아들이지 않으면 안 되는 것이다. 그러나 고난을 이기고 나면 그 고난만큼 또 보상이 주어진다. 뿌린 만큼 거둔다는 법칙이 어김없이 적용된다.

인생은 석재(石材)이다. 신의 모습을 새기든 악마의 모습을 새기든 각자의 마음대로이다.

H. 스펜서 ∎

영국 철학자 허버트 스펜서가 한 이 말은 많은 운명론(일체의 일은 미리 결정돼 있어 될 대로 되는 것이며 인간의 노력으로도 변경될 수 없다고 믿는 것)자들이 인생을 보는 것과 다른 입장에 있는 것이다.

스펜서는 인간의 일생이 선천적으로 정해져 있는 것이 아니라는 입장에 있는 것이다. 인간은 누구나 갓 태어났을 때는 아무것도 새겨지지 않은 석재에 지나지 않는다고 보는 것이다. 따라서 그 석재에 어떤 상을 새기는가 하는 것은 개인의 자유라고 말한 것이다.

그것이 자유라고 말할 때 어떤 상(像)을 새길 것인가 하는 물음은 어리석다고 할 정도로 재론의 여지가 없는 것이다. 신과 악마의 모습 중에서 자기에게 주어진 석재에 악마의 모습을 조각하고 싶은 사람은 아무도 없을 것이다.

그러나 악마를 조각하는 사람들이 부지기수다. 자기에게 주어진 인생을 바르게 경영하지 못하기 때문이다. 세상에는 조금만 주의하지 않으면 빠져 버릴 악의 구렁텅이가 너무나 많다. 그 구렁텅이에 빠지지 않아야 신의 모습을 새길 수 있다. 그러나 여기서 신의 모습은 전지전능한 신 그 자체가 아니라 바른 삶을 사는 인간의 모습을 새기면 된다.

자기의 인생은 자기가 경영해야 할 몫이다. 그 누구도 인생을 대신 살아주지 않는다. 아주 진부한 표현이라 해도 인생을 잘 사는 길은 자기에게 주어진 일에 최선을 다하는 방법으로만 가능하다.

자존(自尊), 자지(自知), 자제(自制) 이 세 가지만이 인생을 최고
의 힘으로 이끈다.

T. 알프레드 ■

  인생을 바르게 경영하고 싶어 하는 모든 사람들은, 그 희망을 달성하기
위하여 반드시 갖추어야 할 자질이 있다. 영국의 계관시인 테니슨은 그것
을 자존(自尊)과 자지(自知), 그리고 자제(自制)를 들고 있다.
  자존이란 스스로 자기를 높임이나 자기의 품위를 지킴으로 풀이할 수
있다. 여기서의 자존은 자기의 품위를 지킨다는 뜻에 더 가깝다. 자기의
품위를 지킨다는 것은 자기 스스로 자신에 대한 애정을 가져야 하고 자신
감을 갖고 있어야 한다는 말이다. 나는 아무 것도 아니야, 아무 것도 할
수 없다고 생각하는 것은 자존이 없는 것이다. 나는 나의 능력을 믿고 무
엇이든지 할 수 있다고 생각할 때 인생 경영의 힘이 된다는 뜻이다.
  다음으로 자지(自知)란 자기를 안다는 뜻이다. 이 말은 소크라테스의
유명한 명제 "너 자신을 알라"는 말과 같은 뜻으로 읽히는 것인데 스스로
를 알아야 한다는 것이다. 내가 무엇을 할 수 있으며, 어떤 일에 능력을
발휘할 수 있는가를 알아야 한다. 뿐만 아니라 무엇이 부족하여 무엇에
더 노력을 기울여야 하는가를 알아야 한다는 것이다.
  끝으로 자제는 자기 욕심이나 감정을 억제하는 것을 말한다. 인간의 인
격은 어쩌면 감정을 얼마나 자제할 수 있느냐에 달렸다고 해도 지나치지
않을 것이다. 욕심이 많으면 화를 부르지 않을 수 없고 감정적인 행동 또
한 화를 부르는 것이다. 만일 인간이 자존과 자지 그리고 자제의 능력을
갖춘다면 그의 인생은 분명히 성공하는 것이 될 것이다.

인생은 한 권의 책과 비슷하다. 바보들은 그것을 척척 넘겨가지만, 영리한 사람은 정성스럽게 그것을 읽는다. 왜냐하면 그는 오직 한 번 밖에 그것을 읽지 못한다는 것을 알고 있기 때문이다.

장 파울 ■

이 말은 결국 인생은 한 번 뿐이라는 사실을 일깨워주는 것이다. 이런 뜻을 강조한 명언은 이 외에도 많은데, 노벨상 수상 작가인 프랑스의 로망 롤랑은 "인생은 왕복표를 발행하고 있지 않습니다. 한 번 출발하면 다시는 돌아오지 않습니다."라고 그의 대하소설 [매혹된 혼]에 쓰고 있다.

우리가 매일 매순간을 중요하고 진지하게 생각해야 한다는 선인들의 말도 사실은 인생이 한 번 뿐이기 때문에 더욱 강조되고 있다고 보아야 할 것이다.

많은 사람들이 자신이 겪은 수많은 실수를 후회하며, 한 번 더 살 수 있다면 그런 실수는 하지 않았을 것이라고 생각한다. 그러니까 목숨을 부지하고 있는 어느 순간도 중요하지 않은 순간이 없는 것이다. 인생의 일회성이 인생이란 책장을 척척 넘길 수 없게 하는 것이다. 정성스럽게 읽지 않으면 안 되는 것이다.

체호프의 희곡 [세 자매]에는 자매 중 한 사람이 "이미 살아왔던 인생을 초고(草稿)로, 또 한쪽을 정서(淨書)할 수 있었으면 얼마나 좋을까"라고 하는 대사가 있다. 이 희곡의 대사에서 뿐만 아니라 많은 사람들이 거의 이와 같은 대사를 읊고 있다.

이 같은 말을 되풀이 하지 않는 인생이 건강한 인생임은 두 말할 필요가 없는 것이다.

인생이란 단지 기쁨도 아니고 슬픔도 아니며, 그 두 가지를 지양하고 종합해 나아가는 과정에서 파악되어야 할 것이다. 커다란 기쁨도 커다란 슬픔을 불러올 것이며, 또 깊은 슬픔은 깊은 기쁨으로 통하고 있다. 자기의 할 일을 발견하고 자기가 하는 일에 신념을 가진 자는 행복하다. 사람의 가치는 물론 진리를 척도로 하지만, 그러나 그가 가지고 있는 진리보다는 그 진리를 찾기 위해서 맛본 고난에 의하여 개량되어야 한다.

T. 칼라일 ■

　영국의 사상가인 칼라일은 석공의 아들로 태어나 수학 교수를 지내면서 독일 문학에 심취했던 사람이다. 그의 인생에 대한 견해를 중히 여기는 것은 칼라일이 빈곤과 싸우면서 저작(著作)과 강연으로 열정적인 삶을 살았기 때문이다.

　위에 인용한 명언은 인생은 계속 기쁨으로만 채워질 수 있는 것이 아니며, 또 슬픔만으로 채워지는 것도 아니라는 사실을 가르쳐 주고 있다. 따라서 인생은 기쁨과 슬픔이 엇갈리는 것이며 그 두 가지를 종합하는 과정에서 파악되어야 한다는 것이다. 우리는 절대 슬픔을 원치 않지만 슬픔을 겪지 않는 인생이란 있을 수 없는 것이다. 그래서 슬픔을 만났을 때 그것을 뛰어넘어서 더 성숙한 인생을 만나는 기쁨을 창조해야 하는 것이다.

　자기의 인생에서 만나는 기쁨과 슬픔은 결국 행복을 구성하는 두 개의 축이다. 그 두 개의 축 사이에서 어느 쪽에 기울게 하느냐 하는 것은 개인의 능력이다.

　그러나 가장 행복한 삶은 자기가 처한 환경에서 최선을 다하고 거기서 보람을 찾는데 있다. 그때 삶은 기쁨의 면적이 더 넓어지게 될 것이다.

인생은 한 편의 시다. 생물학적 입장에서 볼 때, 유년 시대, 성년 시대, 노년 시대의 삼박자를 갖추고 있는 이 인생이 아름다운 배치가 아니라고 그 누가 단언할 수 있단 말인가. 하루에는 아침, 낮, 일몰이 있고, 일 년에는 4계절이 있는데, 그대로의 모습이야 말로 얼마나 좋은 것인가.

임어당 [생활의 발견]에서 ■

　인생을 바라보는 임어당의 시각은 긍정적이다. 인생을 아름답게 본다는 것 자체가 벌써 인생의 성공을 의미하는 것일 수 있다. 인생을 아름답게 인식하는 삶은 적극적일 것이라는 추측은 쉽게 할 수 있는 것이다. 임어당은 이 책에서 "인생의 황금시대는 늙어가는 장래에 있지, 지나간 젊은 때의 무지(無智)에 있지 않다."고 하여 보통 사람들의 생각을 뛰어넘고 있다. 아름답다고 생각하고 사는 인생과, 괴로운 것이라고 생각하는 삶 사이에는 분명 엄청난 차이가 있을 것이다.
　임어당은 그의 명저 [생활의 발견]에서 인생을 긍정적으로 보면서 현실과 꿈, 그리고 유머를 통해 다음과 같은 공식을 제시하고 있는데 매우 흥미를 끄는 부분이다.

　현실 − 꿈 = 동물
　현실 + 꿈 = 심통(心痛=이상주의)
　현실 + 유머 = 현실주의(보수주의자라고도 함)
　꿈 + 유머 = 환상(幻想)
　꿈 − 유머 = 광신
　현실 + 꿈 + 유머 = 지혜

이 공식에서 내 현실은 어떤가를 적용해 보길 권한다.

청년은 오전 8시의 태양이다.

임표 [모택동 어록]에서 ■

인생을 하루 24시긴으로 비유한다면 청년은 오전 8시의 태양이다. 오전 8시는 하루가 출발되는 신선한 시간이다. 오전 8시라는 시간이 주는 신선함, 그 시각의 태양은 신선함이란 그 말 외에도 무수히 아름다운 표현을 갖다 붙여도 어색하지 않을 것이다.

박목월 시인이 그의 [신록송]에서 젊음을 노래한 다음 글에서 그 아름다움을 찾아보자.

젊음은 자라나는 것의 싱싱한 아름다움이요, 뻗어가는 것의 단순하면서 강인한 아름다움이며, 잡것이 곁들이지 않는 정결하고 신선한 아름다움이다. 젊음이 뿜어 올리는 그 순수하고 순결하고 싱싱한 아름다움으로 젊음은 스스로를 신록 하는 축복을 받게 되는 것이다.

뿐만 아니라 문학평론가 김우종은 [아픔과 젊은 시절]에서

젊음이란 무엇인가? 그것은 아름다운 꿈이요, 높푸른 이상이요, 뜨거운 정열이요, 강인과 투지의 응결체다.

라고 젊음을 예찬한다.

이렇게 가슴 벅차게 미화되는 젊음은 사실은 말이나 글로 다 표현되는 것이 아닐지 모른다. 젊음이 갖는 모든 미덕을 인간은 끝내 다 표현하지 못할 것이다. 그런 젊음, 그 젊음을 어떻게 보낼 것인가? 거기에 인생의 성패가 달려 있다.

• 제2장 •

길 위의 장

   길 위의 장으로 명명한 이 장은 32개의 항목으로 묶여져 있다. 청소년기의 관심과 대상이 될 젊음과 희망 그리고 시간을 비롯하여 [배움, 교육, 학문] [개성, 교양, 취미] [사랑, 우정, 연애] [책, 독서, 여행] [도덕, 법]에 관한 명언을 해설하였으며, 청, 장년기의 삶에 윤기를 더할 [결혼, 가정, 부부] [일, 책임, 처세] [근면, 검소, 성실] [행복, 성공, 건강] [권력, 부, 명예]를 다루었다.

   인생에서는 소중하지 않은 시기가 없고 어느 연령대에도 그 나름대로의 의미는 있지만 청소년기와 청, 장년기는 삶의 한 가운데 있기 때문에 더욱 소중한 시기다. 이 시기의 삶은 인생의 성공 여부에 직결되는 것이다.

학창 시절이란 젊음에게 주어진 시한부 인생과도 같은 것이다.

박용구 [어느 생애]에서 ■

위에 인용한 말은 특별하지도 않고 특별히 새롭다고 할 수 있는 말도 아니다. 그러나 많은 젊은이들이 '시한부'라는 말의 절박함을 잘 느끼지 못하기 때문에 학창 시절을 낭비하는 학생들이 적지 않다. 그것은 안타깝고 우울한 일이다. 학생들의 오늘 생활이 내일의 자기 삶과 직결되기 때문이다.

젊음을 낭비해서는 안 된다. 젊음은 모든 사람에게 주어진 희망이며 꿈이기 때문이다. 시인 김규동이 [비 오는 날]에서 쓴 다음 글을 보면 이 사실을 인정할 수 있을 것이다.

학생을 보면 마음이 좀 환해진다. 그 건강함, 그 단순함과 기민, 그리고 악의 없어 보이는 따뜻한 표정들 — 이러한 분위기에 싸이면 어느새 나는 마음을 가라앉힐 수 있게 된다.

이런 말들은 학생들의 근면에 국가의 미래가 달려 있다고 생각하기 때문이다. 긴 인생의 길에서도 인간으로서 해야 할 역할이 강조되는 것이 있기 마련인데 학창 시절에서 가장 중요한 것은 공부하는 것이다. 너무 자주 듣는 말이라 지겨울 수도 있지만 이 말은 진리다. 한정된 시간을 보람 있게 살아야 한다. 그것이 자신은 물론 더불어 사는 사회를 밝게 하는 거름이다.

• 지혜보다
밝은 눈이
어디있으랴

젊었을 때 너무 방종하면 마음의 윤기가 없어지고, 또 너무 절제
하면 머리의 융통성이 없어 잘 돌아가지 않게 된다.

생트 뵈브 ■

❧

젊음은 아름답고 또한 모든 것을 가능하게 하는 힘의 원천이지만 이 힘
을 아름답게 승화시키기 위해서는 그 힘의 적절한 관리가 이루어져야 한
다.

따라서 위에 인용한 말은 방종해서도 안 되고 너무 절제해서도 안 된다
는 사실을 말하고 있다. 방종(放縱)이란 사전적으로 '아무 꺼림 없이 제
마음대로 놀아먹음' 의 뜻을 갖고 있고, 절제(節制)란 '방종하지 않도록
자기의 욕망을 제어함' 이란 뜻을 갖는다.

젊음의 힘이 어디에 쏟아져야 할 것인가는 굳이 설명을 붙이지 않아도
가능할 수 있을 것이다. 인간의 삶을 향상시키는 쪽에 기울어져 있어야
한다. 젊음이 아름답기 위해서는 골똘함이 보여야 한다. 일에 몰두하는
청년의 모습을 보는 것만큼 아름다운 일도 없을 것이다.

법구경 노기품편(法句經 老耆品編)에는,

깨끗한 행실을 닦지 못하고, 젊어서 재물도 쌓지 못하면, 고기 없는 빈
못을 속절없이 지키는 늙은 따오기처럼 쓸쓸히 죽는다. (不修梵行하고 又
不富財면 老如白露가 守伺空池니라 : 불수범행 차불부재 노여백로 수사
공지)

라고 쓰고 있다. 젊음을 어떻게 보내야 할 것인가를 아주 절실하게 표현
한 것이다. 고기 없는 빈 못을 쓸쓸하게 헤매지 않기 위해서는 어떻게 해
야 할는지?

청년은 안전한 주(株)를 사서는 안 된다.

장 콕토 ∎

　[무서운 아이들]로 우리에게 잘 알려진 장 콕토가 한 말이다. 작가이며 시인이기도 했던 장 콕토는 제2차 세계 대전 중에는 레지스탕스로 활약하기도 했고, 주식 매매도 했다. 그는 주식을 살 때 투기적으로 위험한 주(株)를 샀다가 큰 손해를 보는 경험도 했다. 장 콕토가 주식 매매의 아픈 경험을 갖고있지만 그래도 이렇게 말한것은 청년은 어떤 일에든지 용기 있게 해야 한다는 것을 가르쳐주기 위해서다. 설사 위험성이 있다고 해도 용감하게 부딪쳐야 한다는 것이다.

　주식 시장에서 안전한 주를 사면 큰 손해를 볼 확률은 적지만, 그 대신 이익을 볼 확률도 적다. 젊은 시절에 이렇게 안전한 주(株) 밖에 사지 않는 것은 큰일을 감당할 수 없게 된다는 뜻이다. 위험한 주(株)를 사서 실패했다고 해도 중요한 경험을 얻기 때문에 청년은 더 큰 것을 얻을 수 있을지 모른다. 흔히 하는 말로 '실패는 성공의 어머니'이기 때문이다.

　여기서 청년이 안전한 주(株)를 사서는 안 된다고 하는 말의 뜻은 단순이 주식이란 의미만이 아니다. 여기서의 주(株)란 인생의 여러 국면에서 처하게 되는 기회나 위험의 순간에 어떤 판단을 내려야 할 것인가의 문제로 확대시킬 수 있는 것이다. 안전만을 판단의 기준으로 삼아서는 정말 큰일을 해낼 수 없을 것이다.

　실패하더라도 좀더 크고 용기 있게 덤벼야 한다는 것이다.

　그것은 젊음만이 할 수 있는 일이다.

　젊음은 모든 것을 가능하게 하는 것이기 때문이다.

청춘! 이는 듣기만 하여도 가슴이 설레는 말이다. 청춘! 너의 두 손을 가슴에 대고, 물방아 같은 심장의 고동을 들어보라. 청춘의 피는 끓는다. 끓는 피에 뛰노는 심장은 거선의 기관과 같이 힘 있다. 이것이다. 인류의 역사를 꾸려 내려온 동력은 바로 이것이다. 이성은 투명하되 얼음과 같으며, 지혜는 날카로우나 갑 속에 든 칼이다. 청춘의 끓는 피가 아니더면, 인간이 얼마나 쓸쓸하랴? 얼음에 싸인 만물은 죽음이 있을 뿐이다.

민태원 [청춘예찬]에서 ■

우리에게 너무나 잘 알려져 있는 소설가 우보(牛步) 민태원의 청춘 예찬이다. 이 글의 마지막 부분을 함께 읽으며 청춘의 위대함을 깨닫자.

보라, 청춘을! 그들의 몸이 얼마나 튼튼하며, 그들의 피부가 얼마나 싱싱하며, 그들의 눈에 무엇이 타오르고 있는가? 우리 눈이 그것을 보는 때에 우리의 귀는 생의 찬미를 듣는다. 그것은 웅대한 관현악이며, 미묘한 교향곡이다. 뼈끝에 스며들어가는 열락의 소리다. 이것은 피어나기 전인 유소년에게서 구하지 못할 바이며, 시들어가는 노년에게서 구하지 못한 바이며, 오직 우리 청춘에게서만 구할 수 있는 것이다.

청춘은 인생의 황금시대다. 우리는 이 황금시대의 가치를 충분히 발휘하기 위하여, 이 황금시대를 영원히 붙잡아 두기 위하여, 힘차게 노력하며 힘차게 약동하자!

읽기만 해도 청춘의 피가 끓어오름을 느끼게 하는 문장이다. 인생의 황금시대, 어떻게 보낼 것인지 깊이 생각하자.

시간은 우리들에게 짬을 주기 위해서 멈추지는 않는 것이다.

시몬 베유 [노동일기]에서 ■

   시간과 인간, 인간의 삶은 어떤 의미에서든 시간을 어떻게 활용하느냐에 달려있고, 그 시간은 사람을 기다려 주지는 않는다. 따라서 시간이 소중하다는 말은 너무 많이 들어서 오히려 진부하기까지 하다. 그러나 이것은 부정할 수 없는 사실이다. 다시 한 번 시간이 소중하다는 의미의 명언들을 읽어보자.

   "시간은 돈이다."라는 명언을 남긴 프랭클린은 [가난한 리처드의 책력]에서

   너는 인생을 사랑하는가? 그렇다면 시간을 낭비하지 말라. 인생은 시간으로 되어 있다.

고 말하고 있다. 또 같은 책에서,

   천천히 해도 된다. 그러나 시간은 기다리지 않는다.

라고 쓰고 있다.

   영국의 정치가이며 문인이었던 디즈레일리는

   시간을 얻는 자는 일체를 얻는다.

고 하여 시간의 중요성을 강조하고 있다. 한 번 흘러가서는 다시 오지 않을 시간을 어떻게 활용해야 할 것인가? 이것이 모든 인간의 숙제이다.

평범한 사람은 시간을 소비하는 데 마음을 쓰고, 재능 있는 사람은 시간을 이용하는 데 마음을 쓴다.

쇼펜하우어 ■

   시간을 어떻게 활용하는가 하는 문제는 바로 인생을 어떻게 사느냐의 문제에 직결되고 있다. 인생의 성패는 시간을 어떻게 활용하느냐 하는 것에 달려 있기 때문이다. 우리가 잘 알고 있는 "시간은 금이다."라는 격언도 시간의 소중함을 깨우치는 말이란 것은 재론할 필요도 없다. 이 말을 실감시키는 다음 일화를 보자.

   벤저민 프랭클린이 경영하는 서점에 한 손님이 책을 들고 물었다.
   "이 책 얼마요?"
   "1달러입니다."
   "조금 싸게 안 될까요?"
   "그러면 1달러 15센트만 주십시오."
   손님은 프랭클린이 잘못 들은 줄 알고
   "아니, 깎자는 데 더 달라니요?"
라고 말하자 그는
   "1달러 50센트만 주십시오."
라고 하였다. 손님이
   "아니 이건 점점 더 비싸지잖아?"
라고 화를 내자 프랭클린은
   "아 시간은 돈보다 더 귀한 것인데 손님께서 시간을 소비시켰으니 책값에 시간 비를 가산해야 할 게 아닙니까?"
라고 하였다.

   시간을 소비할 것인가? 이용할 것인가?

1. 시간은 무형의 자원이다.
2. 시간은 공평하게 주어진다.
3. 시간은 사용하지 않아도 자연 소멸된다.
4. 시간은 저장할 수 없다.
5. 시간은 양도하거나 매매할 수 없다.
6. 물리적 시간은 불변이지만 심리적 시간은 가변이다.
7. 지나간 시간은 다시 오지 않는다.

윤은기 [시(時)테크]에서 ■

[시테크] ― 시간 창조의 기술 ― 의 저자 윤은기가 시간의 활용도를 높이기 위해 이해해야 할 시간의 특성을 제시한 것이다.

무릇 세상사 모두 그 특성을 모르고 바르게 접근할 수 없다는 것은 너무나 당연하다. 저자가 특성을 제시하며 붙인 설명을 더 따라가 보자.

우리는 단지 시계라는 기계를 통하여 시간의 흐름과 양을 가시적으로 측정할 수 있을 뿐이다. 따라서 시간이라는 무형의 자원을 다루기 위해서는 시간에 대한 여러 가지 개념과 안목을 길러두는 것이 중요하다.

누구에게나 하루에 24시간씩 주어지는 수평적 개념의 시간은 결국 사용자의 의지와 사용 기술에 따라 그 가치가 달라지게 되는 것이다. 그리고 시간의 재고란 미래의 형태로만 남아 있을 뿐이지 일단 지나가면 그 가치를 상실하게 되고, 저장되는 것이 아니다. 만약 시간을 묶어둘 수만 있다면 인간은 영원히 생명을 유지할 수 있을 것이다. 아무리 돈이 많아도 시간을 사서 생명을 유지할 수는 없다. 즐거운 시간은 짧게 느껴지고 기다리는 시간은 길게 느껴진다.

지혜보다
밝은 눈이
어디있으랴

시간의 사용 기술에 따라 인간의 유형을 구분하면 ① 시간 창조형 인간 ② 시간 소비형 인간 ③ 시간 파괴형 인간으로 나눌 수 있다.

윤은기 [시(時)테크]에서 ■

"촌음(寸陰)을 아껴 써라."는 동양의 금언(金言)이나 "일찍 일어나는 새가 벌레를 잡는다."라는 서양의 격언은 농경 사회와 산업 사회의 패러다임으로 볼 때는 금과옥조(金科玉條)이다. 그러나 이것은 어디까지나 산업 사회의 시간관을 반영한 것이다.

산업 사회 시대는 시간을 잘 소비하는 것으로 만족할 수 있었지만, 정보화 사회는 시간을 창조하고 이를 전략적으로 활용할 줄 알아야 한다.

시간 사용 기술에 따른 인간 유형의 설명을 더 살펴보면,

시간 창조형 인간은 '시테크'를 이용하여 시간의 가치를 높이고 시간을 전략적으로 활용하여 업무 성과를 높이는 사람이다. 이런 사람이 바로 시간의 주인인 것이다.

시간 소비형 인간은 자기에게 주어진 시간을 시간 관리를 통하여 낭비 없이 잘 사용하는 사람이다. 주로 사전 계획을 수립하거나 시간, 일정표 등을 세워서 활용하고 있다. 이런 사람은 시간의 관리자이다.

시간 파괴형 인간은 주어진 시간과 기회를 낭비하는 사람이다. 이런 사람의 특징은 매사에 무계획적이고 미래에 대한 안목이 부족하다. 이런 사람이 시간의 파괴자인 것이다.

이 인간 유형에서 나는 어디에 속하는가를 생각해보고 시간 관리에 대한 기술을 익혀야 할 것이다. 인생의 성패 여부는 결국 시간을 어떻게 활용하는가에 달려 있다는 것을 새겨 두어야 한다.

신은 모든 인간에게 24시간이라는 균등한 시간을 부여했다. 부자에게도 가난한 사람에게도 지나간 어제의 24시간은 아무리해도 손에 넣을 수 없다. 내일의 24시간도 손에 쥐는 것은 불가능하다. 지금 우리가 활용할 수 있는 것은 오늘의 24시간뿐이다. 이것을 어떻게 유효하게 사용할 것인가? 인간의 승패는 여기에 있다.

오기야 쇼조 ■

　이 말은 오기야 쇼조의 [재산이 되는 365가지 이야기]라는 책에 나오는 말이다. 저자는 이 말을 미국에서 출간된 세일즈맨을 위한 책에서 발견했다는 사실을 밝히고 '아, 역시'라고 감탄하면서 되새겼다는 말을 쓰고 있다. 그러나 너무나 평범한 말이라고 볼 수는 있지만 시간을 어떻게 느끼고 있느냐에 따라 이 말이 주는 느낌은 다를 것이다. 이어서 오기야 쇼조는 다음과 같이 쓰고 있다.

　옛날부터 '일 년의 계획은 정월 초하루에 있다'는 말을 한다. 그러나 템포가 빠른 현대에는 '하루의 계획은 전날 밤에 있다.'라고 해야 한다. 오늘의 24시간을 어떻게 사용할까? 그것을 오늘 결정하는 것은 이미 늦은 일이다. 적어도 하루 전날, 자기 전에 내일의 일정을 노트나 수첩에 적어 놓아야 한다. 그것은 개인적으로나 사회적으로도 훌륭하게 사용될 수 있다. 그리고 그날, 하루가 끝나가는 시간에 그 수첩을 다시 검토해본다. 열 가지 중에서 일곱 가지를 실천했다면 그것은 큰 성공이다. 남은 세 가지는 내일 처리하면 된다.

　이런 일정 관리 방식은 참고할 가치가 높다.

지혜보다
밝은 눈이
어디있으랴

내일은 또 내일의 태양이 떠오른다.

마가렛 미첼 [바람과 함께 사라지다]에서 ■

마가렛 미첼의 소설 [바람과 함께 사라지다]에 나오는 이 말은 삶이 주는 좌절을 딛고 내일에 도전하는 굳센 용기를 상징하고 있다.

책으로는 1936년 발간되자마자 베스트셀러가 되었고 1937년 플리처상을 받았으며, 그 후 각국어로 번역되어 세계적인 선풍을 일으켰다. 뿐만 아니라 이 소설은 1939년 영화로 제작되어 1895년 시작된 영화사에서도 최고의 걸작으로 손꼽히고 있다.

마가렛 미첼이 소설을 쓰는데도 10년이나 걸렸지만 영화도 3년에 걸쳐 제작되었으며 제작 기간 중 감독이 3명이나 교체되었고, 시나리오 작가는 무려 13명이나 교체되었다. 222분짜리 이 영화 제작 당시 6백만 달러가 들었고, 전례 없는 관객 동원, 1939년 아카데미상 10개 부문을 휩쓰는 등 갖가지 진기록을 수립한 영화다.

그 내용은 미국의 남북 전쟁이 절정에 달했을 무렵, 그 속에서 굳세게 살아간 여주인공 스카렛 오하라의 대사회적인 허영과 인간으로서의 적나라한 사랑을 그린 것이다.

남북 전쟁을 통하여 말할 수 없는 고통을 겪게 되는 주인공은 강인하면서도 자신감에 넘치며, 낙천적이면서도 사려 깊고 어떤 일에도 태연자약하게 자신의 생각대로 밀고 나가는 의지를 보여준다.

사랑하던 아들이 죽고 애인이 떠난 슬픔 속에서 외치는 "내일은 또 내일의 태양이 떠오르는 것이다"가 주는 감동은 크다. 영화에서는 [내일이 되면 반드시 내일의 바람이 분다]로 번역되었다.

청년기의 실수는 장년의 승리나 노년의 성공보다 더 가치 있다.

디즈레일리 ■

"실패는 성공의 어머니다"라는 금언을 비롯하여 실패와 관련된 명언은 많다. 그것은 실패가 바로 실패 그 자체만을 의미하는 것이 아니라 실패를 통해 많은 교훈을 얻을 수 있다고 보기 때문이다.

실패할지 모른다는 두려움 때문에 일을 시작하지 못하는 것은 어리석기 그지없는 일이다. 젊은 시절의 실패는 곧 성공의 토대가 되는 것을 부인할 수 없다. 실패를 하고 물러서는가, 아니면 다시 일어서는가 하는 것에 성공 여부가 달려있는 것이다.

발명왕이라는 칭호를 가진 에디슨도 자철광(磁鐵鑛)에서 철을 분리하는 광산 사업에서 실패한 일이 있었다. 미네소타 주에서 철이 대량으로 생산되어 값이 폭락했기 때문이다. 8년 동안의 노력과 재산이 수포로 돌아갔으나 에디슨은 실망하지 아니하고 그 경험을 살려 인조 시멘트 사업을 시작하여 성공했다.

광산 사업에 실패한 후 황량해진 공장에 찾아가 회고하기를 [내가 여기서 일하던 5년간이 나의 일생에서 가장 즐거운 시절이었다. 다른 것을 생각할 여유가 없었고, 나는 여기서 여러 가지를 배울 수 있었고, 그것은 언젠가는 누구의 이익이 되어 나타날 것]이라고 말했다.

이처럼 실패가 주는 교훈은 위대한 것이다. 젊은이의 실패를 장년의 승리나 노년의 성공보다 더 가치 있는 것으로 보는 까닭은 변화의 원동력이 되기 때문이다. 에디슨의 예에서 보듯 실패는 성공으로 가는 한 과정일 뿐 인 것이다.

지혜보다
밝은 눈이
어디있으랴

인간에게 희망이 없다면 무엇으로 살 수 있을까? 아마도 희망이 없다면 인간은 며칠을 살지 못할 것이다. 그래서 보잘 것 없는 재산이 아니라 보잘 것 있는 재산이라도 희망보다 못 한 것이다.

스티븐슨은 [젊은이들을 위해서]에서

희망은 영원의 기쁨이다. 인간이 소유하고 있는 토지와 같은 것이다. 해마다 수익이 올라가, 결코 다 써 버릴 수가 없는 확실한 재산이다.

라고 말하고 있고, 롱펠로는 [하페리온]에서

위대한 희망이 가라앉는 것은 해가 지는 것과 같다. 인생의 빛이 사라진 것이다.

라고 말했다. 희망이 없는 삶은 빛이 사라진 인생이다. 거기엔 어둠만 있을 뿐이다. J. 위트는 다음과 같이 말하고 있다.

생명이 있는 한 희망이 있다. 희망은 만사가 용이하다고 가르치고 실망은 만사가 곤란하다고 가르친다.

희망을 가지는 삶이 가장 행복한 삶이다. 희망은 인간의 모든 일을 용이하게 하는 힘이 되기 때문에 인간은 희망 없이 살아선 안 된다.

겨울이 오면 봄도 머지않으리.

셸리 시 [서풍에 부치는 부(賦)에서] ■

　영국의 시인 셸리는 옥스퍼드 대학에서 공부하였는데 재학 중에 무신론을 주창하는 전단을 뿌려서 퇴학당하였다. 열혈(熱血)의 시인 셸리는 항상 혁명적인 정열에 불타고 있었기 때문에 그의 시(時) [서풍에 부치는 부(賦)]에서 자유해방을 회구하여

　"겨울이 오면 봄도 머지않으리"

라고 노래했던 것이다.

　어두운 겨울 그 다음에 밝은 봄이 오는 것은 우주의 섭리다. 이 말을 의역하면 지금은 불행하지마는 미래의 밝은 희망이 보인다는 뜻이다. 따라서 인생을 비관하지 말라는 격려의 뜻도 담고 있는 것이다.

　겨울이 가면 봄이 오듯이 인생에도 반드시 어려움이 있으면 그 어려움에 값하는 기쁨이 있게 마련이다. 어쩌면 진정한 인생의 기쁨은 추운 겨울 같은 어려움을 겪어야 얻을 수 있는 것이다.

　그러나 사람은 곧잘 절망한다. 절망하지 않고 인생을 살 수는 없다. 그 절망을 어떻게 이기느냐에 따라 인생의 성패가 결정되는 것이다. 피할 수 없는 절망을 맞았을 때도 그 절망 다음의 빛을 믿어야 한다. 그 빛을 찾으며 절망을 극복하는 방법을 찾아야 하는 것이다.

　인생에서 절망을 느낄 때, "겨울이 오면 봄도 머지않으리"라는 시구를 떠올려 보자.

배움이란 무엇인가?
배움이란 깨닫는 것이다.
깨달음이란 무엇인가?
깨달음이라는 것은 그 그릇된 것을 아는 것이다.
그 그릇된 것은 어떻게 깨달을 것인가?
평소 사용하는 말에서부터 그릇됨을 깨달아야 한다.

정약용 ■

　무엇을 배운다는 것을 꼭 직업과 관련시키고 돈벌이와 관련시켜서 생각하는 경향이 많다. 우리의 현실에서는 초·중·고등학교의 교육은 모두 대학에 들어가기 위한 준비 기간이 되어 있고 학교 급별로 정해진 교육 과정에 충실하지도 않다. 대학에 들어가고 못 들어가고에 따라 교사가 평가되고 학교가 평가되기 때문이다. 그래서 오로지 대학에 들어가기 위해서만 최선을 다하는 것이다. 이런 교육의 방법으로는 교육의 본래 목적인 바람직한 인간 만들기는 어렵다.

　배운다는 것의 진정한 의미는 이렇게 훈련되는 것이 아니라 깨닫는 것이다. 배움은 깨닫는 것이고, 깨닫는 것은 그릇된 것임을 아는 것이다 라는 말은 진정한 배움이 무엇인가를 가르쳐 주는 것이다.

　배움이 인간의 부족함을 깨닫도록 하는 것이라는 해석이 가능한데, 그런 깨달음을 가졌다면 부족함을 채우도록 노력해 나가야 할 것이다.

　정약용은 그릇됨을 평소 사용하는 말에서부터 깨달아야 한다고 했는데, 말은 생각의 표현이라는 점에서 설득력을 갖는 것이다. 내가 사용하는 말이 자기를 비춰보는 거울이 될 수 있다는 점에서도 그렇다.

상학(上學)은 정신으로 듣고, 중학(中學)은 마음으로 듣고, 하학(下學)은 귀로 듣는다.

순자(荀子) ■

우리의 일상생활에서 어떤 대상을 평가할 때 상, 중, 하로 삼분하는 것이 관습화 되어있다. 가장 좋은 것은 상이고 가장 나쁜 것은 하, 그 중간이 중이다.

순자의 이 명언은 학문에 임하는 태도를 삼분한 것이다. 그러니까 가장 좋은 수학(修學) 태도는 정신 들여 듣는 것이고, 그 다음의 수학 태도는 마음에 새겨듣는 것이며, 가장 나쁜 것은 그저 귀에 담을 뿐이라는 것이다.

정신 들여 듣는 것과 마음으로 듣는 것의 구분이 다소 애매해 보이지만 정신 들여 듣는 것은 온몸 온 마음을 바쳐 듣는 것이고, 마음으로 듣는 것은 마음으로 새기며 듣는 것으로 집중의 강도로 구분할 수 있을 것으로 보인다.

어느 것이 바른 수학의 태도일까를 굳이 말할 필요가 없다. 귀로만 듣는 최하의 수학 태도를 순자(荀子)는 권학 편에서 다음과 같이 재미있게 힐난하고 있다.

소인(小人)의 학문하는 방법은 귀로 들으면 바로 입으로 나온다. 입과 귀 사이는 네 치 정도에 불과한데, 무엇으로써 일곱 자(尺)의 몸을 아름답게 할 수 있겠는가.

귀로만 듣는 것은 바른 수학의 태도가 아니라는 것을 말해주고 싶고, 그런 수학 태도로는 아무리 많은 시간을 보내도 아무것도 이룰 수 없을 것이다. 인간은 제대로 배우지 않고서는 절대 아름다워질 수 없다.

배우기만 하고 사색하지 않으면 어둡고, 사색만 하고 배우지 않으면 위태롭다. (學而不思則罔하고 思而不學則殆니라.)

논어 위정편(論語 爲政篇) ■

　바른 배움의 태도를 가르쳐 주는 말이다. 위 글에서 어둡다고 표현한 망(罔)은 도리를 모르고 사리에 어둡다는 것이며, 위태롭다고 표현된 태(殆)는 판단이 헷갈리어 위태롭고 안정되지 못하다는 뜻이다. 학(學)이란 인류의 지적 총화(總和)인 문화를 널리 배우는 것이다. 즉 나보다 앞섰던 모든 학자, 선각자의 예지와 기술을 배워 알고자 하는 것이다. 그러나 남의 것을 배우기만 해서는 부족하다. 자기 것으로 소화하고 나아가서는 현실에 활용하고 새로운 것을 창조하기 위해서는 깊게 사색해야 한다. 그 반대로 배우지도 않고 혼자 독단적으로 사색만 해도 소용이 없다. 학문을 하는 바른 태도가 되지 못하기 때문이다.

　논어의 위령공(衛靈公) 편에서 공자는 "내가 전에 종일토록 먹지도 않고, 밤새도록 잠도 자지 않고 사색해 보았으나 유익함이 없고 배우는 것만 못하더라."(吾嘗終日不食, 終夜不寢 以思, 無益 不如學也 : 오상종일 불식 종야불침 이사, 무익 불여학야)라고 했다. 이는 "생각만 하고 배우지 않으면 위태롭다"는 말을 다르게 표현한 것이다.

　따라서 옛 것을 익혀서 새로운 것을 알기 위해서는 배움과 사색을 겸해야 하는 것이다. 배우며 사색하고 사색하며 배워야 하는 것이다. 배워야 사색도 바르고 깊어지며, 사색해야 배움도 바르고 깊어지는 것이다.

　공자는 "지난 학문을 충분히 습득하고 나아가서 새로운 것을 알면 스승이 될 수 있다"(溫故而知新, 可以師矣 : 온고이지신, 가이사의)고 까지 하였다. 옛 것과 새 것의 조화, 익힘과 사색의 조화가 바른 배움의 태도인 것이다.

우리가 저지를 수 있는 가장 큰 죄악은 그 날 아침 잠자리에서 깨어났을 때와 똑같이 이 세상에서 아무것도 배우지 못하고 잠자리에 드는 일이다.

레오 버스카글리아 [PAPA MY FATHER]에서 ■

[PAPA MY FATHER]는 우리나라에서 [모든 새끼오리에게는 아빠가 있다]라는 제목으로 번역 출판되었다. 이 책의 작가 레오 버스카글리아는 캘리포니아 대(大) 교육학 교수로 〈사랑의 힘〉에 관한 많은 글을 썼고, [살며, 사랑하며, 배우며]라는 책으로 우리나라에서도 널리 알려져 있는 인물이다.

이 책에는 위에 인용한 구절 외에도 우리 삶의 길에 등불이 될 만한 말들을 많이 담고 있다.

이를테면 "우리는 어리석게 태어났지만, 어리석은 자만이 어리석은 채로 남아있는 법이다." 또 "우리가 얼마나 오래 사느냐 하는 것은 한정되어 있다. 그러나 우리가 얼마나 많이 배울 수 있느냐 하는 것에는 한계가 없다. 우리가 배우는 것이 곧 현재 우리의 존재다. 누구도 교육의 기회를 놓쳐서는 안 된다." 등의 말로 '배움'의 중요성을 강조하고 있다. 특히 우리의 존재까지 배움과 직결시키고 있는 것이다. 이를 확대 해석하면 배우지 않는 것은 존재하는 않는 것이다란 말로 넓혀지고, 배우지 않는 삶은 아무런 가치도 없는 것이라는 결론에까지 가 닿는다.

깊이 따지면 아무런 배움 없이 잠드는 일은 없을지 모른다. 그러나 무의식적으로 배워지는 것을 가리키는 것이 아니라 의식적으로 배우려고 노력해야 한다는 것을 강조하는 것이다. 그것이 체계적이 될 때 훨씬 더 유용한 지식이 될 것이다.

오늘 배우지 않아도 내일이 있다고 말하지 말라. 올해 배우지 않아도 내년이 있다고 말하지 말라. 날과 달은 간다. 나로 하여 늦추지 않나니…

주자(朱子) [권학문(勸學文)]에서 ■

주자는 중국 송나라의 유학자이다. 이름은 희(熹)다. 경(經), 사(史), 철(哲)에 있어서 정이천(程伊川)에 이어 북송의 성리학(性理學)을 모아 대성했고, 유교의 주류인 이기심성(理氣心性), 거경궁리(居敬窮理)의 학을 제창한 사람이다.

주자의 이 권학문을 읽으면서 문득 "오늘 알면 내일은 더 신난다."는 말을 만들어 본다. 그런데 우리는 정말 내일이 있다는 사실을 너무나 굳게 믿고 미루길 잘 한다. 조금만 더 곰곰이 생각하면 내일은 정말 영원히 있는 것인가 하는 의문을 갖게 될 것이다.

특히 젊은 날의 하루나 한 해는 우리 삶을 준비하는 과정이라는 점에서 참으로 중요하다. 그래서 내일이나 내년으로 배움을 늦추어서는 안 된다.

주자의 권학문에도 나타나듯이 '일월서의(日月逝矣)', 즉 날과 달은 가고 있다. 그리고 시간은 나를 기다려주지 않는다. 모르던 사실 하나를, 좀 더 나아가 전혀 알지 못했던 사실 하나를 깨우치는 날이 있다면 그 다음 날은 그 전날과 같지 아니한 것이다.

그리하여 배우기에 게으른 것은 삶의 의미를 반감시키는 것이다. 모르던 무엇 하나를 알고 나서 보면 세상은 훨씬 넓고, 삶은 무엇인가의 의미로 연결된다. 배우지 않은 세월이 겹쳐지는 삶에는 후회만이 쌓일 뿐이다.

한평생의 계획은 어릴 때에 있고, 한 해의 계획은 봄에 있고, 하루의 계획은 새벽에 있다. 어려서 배우지 않으면 늙어서 아는 것이 없고, 봄에 밭을 갈지 않으면 가을에 바랄 것이 없고, 새벽에 일어나지 않으면 그 날 할 일을 판단하지 못할 것이다.

명심보감(明心寶鑑) ■

한 해가 시작되면 어김없이 신문이나 방송가에서 한두 번 이야기되는 대목이다. 실제로는 배움의 중요성을 강조한 것으로 어릴 때 배우지 아니하면 배우기가 점점 어려우며 그러한 세월을 보낸다면 결국 나이가 들어서 지식층에 속하기는커녕 아무 것도 알지 못하는 무지렁이가 될 수밖에 없다는 것을 경계한 것이다.

해가 바뀌면 당연히 올해는 무슨 일을 어떻게 해야 겠다 라는 마음을 가진다. 물론 그것을 실행하기란 여간 어려운 일이 아니겠지만, 하루의 일과에 대해 잠시 생각하는 시간도 아침이 분명하다. 계획하지 않고서 일을 대하면 일에 대한 자신감이 없거나 불안해지기 마련이다. 마치 봄에 씨 뿌려놓지 않으면 가을에 거둘 곡식이 없는 것처럼 말이다.

어른들께서 어린 아이에게 '너 커서 뭐가 되고 싶어?' 라고 곧잘 묻는 것을 볼 수 있다. 이런 질문도 필요하다. 어린아이에게 꿈을 갖게 해 주는 것이기 때문이다. 그러나 그 아이의 특성을 고려하지 않은 채 무턱대고 지명도 있는 계층으로 보내려는 것은 어리석은 일이다.

배움은 지속적으로 해 나가야 하고 부단한 자기 성찰이 있어야 함은 당연한 일이지만 일찍 시작할수록 좋은 것이다.

• 지혜보다
밝은 눈이
어디있으랴

교육이 하는 일은 무엇일까? 그것은 제멋대로 굽어 흐르는 개울을 반듯한 수로(水路)로 변하게 하는 것이다.

H. D. 소로 ■

　교육을 하는 사람이든 교육을 받는 사람이든 교육이 하는 일이 무엇인가를 안다는 것은 매우 중요한 일이다. 소로가 정의한 제멋대로 굽어 흐르는 개울을 반듯한 수로로 변하게 한다는 것은 잘못된 것을 바로 잡는다는 뜻이다.

　어느 분야에서든 잘못된 것을 바로잡는 것은 쉽지 않은 일이다. 교육에서도 마찬가지다. 칸트 같은 철학자는 교육을 '인간에게 부과할 수 있는 가장 크고 가장 어려운 문제' 라고까지 했다.

　굽어 흐르는 개울을 바로 잡기 위해서는 많은 노력을 기울여야 한다. 거기에는 인간의 힘으로는 도저히 어쩌지 못할 바윗덩어리를 만날 수도 있다. 인간을 바로 키우는 교육에는 이 보다 더 어려운 일이 생길 수도 있는 것이다. 그러나 그 어려움을 얼마나 잘 극복하느냐에 교육의 성패가 결정되는 것이다.

　미국의 벤저민 프랭클린은 "나무에 가위질을 하는 것은 나무를 사랑하기 때문이다. 부모에게 야단을 맞지 않고 자란 아이는 똑똑한 사람이 될 수 없다. 겨울의 추위가 심할수록 오는 봄의 나뭇잎은 한층 푸르다. 사람도 역경에 단련되지 않고서는 훌륭한 인물이 될 수 없다"고 말했다.

　교육이 바로 이루어지기 위해서는 고통이 따라야 한다는 사실을 말하는 것이다. 가르치는 사람과 배우는 사람이 교육의 어려움에 대한 인식을 얼마간 같이 하고 있다면 교육의 효과는 배가 될 것이다.

교육은 사람의 타고난 가치에 윤기를 더해 준다.

호라티우스 [서정시집]에서 ■

호라티우스는 로마 서정시의 완성자로 불리는 시인이다. 그의 서정시 집 [Ode] 4권은 그의 서정시의 최고를 이룬다. 이 시집에 "교육은 사람의 타고난 가치에 윤기를 더해 준다."는 구절이 있다.

인간이 교육을 통해서 인간의 가치에 윤기를 더 할 수 있다는 것은 교육의 필요성과 인간 가치가 끝없이 상승될 수 있다는 가능성을 보여주는 것이라 매우 희망적인 일이다. 그런 반면 인간 가치에 윤기를 더하기 위해 인간이 그만큼 더 노력해야 한다는 부담을 주기도 한다.

로마의 철학자 키케로는 "식물(食物)이 육체에 대하여 없어서는 안 될 물건인 것과 같이 교육은 정신에 대하여 없어서는 안 된다."는 말을 남겼다.

특히 현대 산업 사회에서의 교육은 인간 정신의 함양에 크게 기여하여야 한다는 말들을 많이 한다. 교육이 바람직한 인간을 형성한다는 전제를 벗어나 물질 추구 위주나 지나치게 세속적으로 이루어지고 있기 때문이다.

우리나라의 시인 유치환은 [나는 고독하지 않다]에서 "옛날에는 교육이란 그것이 지향하는 바가 인간을 선으로 끌어올리는 데 있었는데 반해, 오늘날은 더욱이 앞으로는 인간을 악에 떨어지기를 방지하는 데 전력을 다 하게 된다고 하여도 과언이 아닐 것이다."라고 말하기도 했다.

이런 현실에서 우리는 교육의 진정한 필요성이 무엇인가를 깊이 생각하여야 할 것이며, 교육의 진정한 목표 추구에 합당한 교육 활동을 해야 할 것이다. 여기서의 교육 활동이란 가르치는 일과 배우는 일을 합한 개념이다.

이 세상에서 교육 중 가장 위대한 교육은 자신이 스스로 하는 자기 교육이다.

신일철 [현대인의 행복론]에서 ■

꩜

　가장 위대한 교육이 자기 교육이라는 말을 논어 계씨 편에 나오는 다음의 예화를 통해 이해하도록 하자.

　공자의 제자 진항(陳亢)이 공자의 아들 백어(伯魚)를 보고 "당신은 선생의 아들이니까 우리들과는 다른 가르침을 받은 것이 있느냐?"고 물었다. 백어는 "아니오, 그런 일은 없습니다. 다만 이전에 아버지가 혼자서 계실 때, 내가 종종걸음으로 뜰 앞을 지나치려니까 아버지는 '시(詩)를 배웠느냐?' 고 물으셨습니다. '아닙니다, 아직 배우지 않았습니다.' 라고 대답했더니 '시를 배우지 않으면 바르게 말할 수 없다'고 말씀하셨습니다. 그러고 나서부터 시를 공부한 것입니다. 그 뒤 어느 날 역시 뜰 앞에 서 계시는 아버지 앞을 달리는 듯 지나쳤더니, 이번에는 '예(禮)를 배웠느냐?' 고 물으시기에 '아직 안 배웠습니다.' 고 대답했더니 '예를 배우지 않으면 자립할 거점을 마련하지 못한다.' 고 이르셨습니다. 그래서 나는 뒤에 예를 배운 거랍니다. 나는 이 두 마디를 아버지께 들었을 뿐입니다."

　이 예는 [정훈(庭訓) — 뜰에서의 가르침]으로 불리며 가정교육이라는 뜻으로 쓰이게 되었지만, 각도를 달리 하여 공자의 아들 백어가 아버지의 말을 듣고, 시를 배우고 예를 배우고자 했기 때문에 말을 바르게 할 수 있게 되고 자립할 거점을 마련할 수 있었다고 볼 수 있는 것이다. 아무리 좋은 교육 방법이라도 자기 스스로 해보겠다는 결심이 서지 않으면 안 되는 것이다.

향수 가게에 들어가면 향수를 사지 않더라도 그 가게를 나오면
향내가 난다.

탈무드

탈무드는 유태인의 율법과 학자의 구전되는 명언들을 집대성한 책이
다. 위에 인용한 명언은 교육의 환경이 중요하다는 뜻을 내포하고 있다.
우리나라에도 "서당 개 삼년이면 풍월 읊는다."는 속담이 있다. 가장 유
명한 이야기로 맹모삼천지교(孟母三遷之敎)가 있다.

유교학자로 공자 다음 가는 사람으로 일컬어지는 맹자는 어릴 때 부친
을 잃어 어머니 밑에서 자랐다. 이 어머니는 처음 묘지 근처에 살았는데,
맹자가 묘지 파는 사람의 흉내만 내고 노는 것이므로 아이의 교육상 좋지
않다고 하여 시장 근처로 집을 옮겼다. 그런데 이번에는 상인의 하는 짓
만 흉내를 냈다. 여기도 안 되겠다고 하여 다음에 학교 옆으로 이사를 했
다. 그런데 이번에는 제사 지내는 그릇을 늘어놓고 정중히 예절의 흉내를
내었다. 유교의 학교에서 중히 여기던 예절을 가르치고 있었기 때문이다.
맹자의 어머니는 비로소 이런 곳이야말로 자기 아들을 기르기에 알맞은
곳이라고 기뻐했다는 이야기다.

교육에서 교육 환경을 이야기할 때 가장 많이 예로 드는 이야기다. 오
늘날에 와서 이 이야기는 세상 곳곳에 교육 유해(有害) 환경이 많아짐으
로써 더욱 크게 부각되고 있다고 보아야 할 것이다.

교육받는 사람이 교육적 환경 속에 있도록 만드는 것이 어렵지만 참으
로 급하고 중요한 일이 되었다.

지혜보다
밝은 눈이
어디있으랴

남들이 나를 몰라준다고 걱정할게 아니라, 내가 남을 알아보지
못함을 걱정하라.

논어 학이편(論語 學而篇) ■

　사람들에겐 누구나 남들이 자기를 알아주기를 바라는 마음이 있다. 그
러나 그것은 자기가 애원한다고 해서 이루어지는 것이 아니다. 오히려 자
기가 남을 알아주려고 애쓰면 자기를 알아주는 사람이 늘어나게 될 것이
다.

　논어의 첫 장에는 "남이 알아주지 않아도 성을 내지 않으면 또한 군자
가 아닌가?"라는 말도 있다.

　학문은 자기 수양(修養)이다. 매명(賣名)을 위한 것이 아니다. 남이 몰라
준다고 자기의 학문이 퇴보할 리가 없는 것이다. 그러나 내가 남을 몰라
서는 안 된다.

　선각자나 인자(仁者)를 알고 그를 좇아 내가 더욱 정진해야 한다. 학덕
이 높은 데도 세상이 나를 몰라주는 것은 하늘의 뜻이다. 사람이 걱정하
고 안달할 바는 아닌 것이다.

　그러나 학덕이 높으면 그 시기가 이르고 늦음의 차이는 있을지 모르지
만 절대 그대로 묻혀버리지는 않는다. 자루 속의 송곳같이 언젠가는 세상
밖으로 나오게 되고 제 몫을 하게 되는 것이다.

　그러므로 다른 사람들이 몰라주는 것은 자기가 아직 남이 알아줄 정도
의 학덕을 쌓지 못했다고 생각하는 것이 옳은 생각일 것이다. 그래야 공
자의 말대로 군자가 될 수 있는 것이다. 자기 수양을 위한 노력을 게을리
하지 않으면 언젠가는 남들이 자기를 알아 줄 날이 기어이 오게 될 것이
다. 이걸 믿어야 한다.

학문은 진실을 탐구하는 행위이다.
학문은 논리로 이루어진다.
학문은 실천의 지침인 이론을 마련한다.
학문은 독백이 아니고 대화이다.

조동일 [우리 학문의 길]에서 ■

　조동일 교수가 [우리 학문의 길]에서 학문이란 무엇인가? 라는 질문을
제시하고 풀이한 말이다. 이 같은 정의의 밑바탕은 조동일의 책 제목이
암시하든 우리 학문의 나아갈 길을 모색한다는 전제 아래 이루어진 것이
다.

　학문이 진실을 탐구하는 행위라는 설명에서는 진실이 무엇인가가 문제
되지만, 진실이 무엇인가 바로 대답하려고 서두르지 않아야 학문 탐구를
바르게 할 수 있다고 했다. 처음에는 진실의 내용이 아닌 그 범주를 물어
서 학문의 대상인 것과 아닌 것을 구분하는 데 치중해야 한다고 했고, 탐
구한다는 것은 아직 모르고 있던 진실을 새롭게 밝힌다는 말로 설명하고
있다.

　학문이 논리로 이루어진다는 것은 학문을 하면서 논리를 불신하거나
논리에 대해서 의심을 가지는 것은 용납할 수 없다는 뜻이다. 학문이 실
천의 지침인 이론을 마련한다는 것은 학문을 통해 얻는 결과가 이론이기
때문이다. 학문이 대화라는 것은 학자 개인이 연구한 업적을 토론의 대상
으로 삼아 점검하고 비판하는 작업이 활발하게 이루어져야 비로소 타당
한 성과에 이를 수 있기 때문이라고 설명하고 있다.

　학문이 무엇인가를 알아야만 학문하는 방법을 알 수 있다. 학문뿐만 아
니라 모든 분야에서 그 개념을 아는 것이 가장 기본적인 일이다.

옛날에는 학문을 하는 데 다음과 같은 다섯 가지 즉, 박학(博學), 심문(審問), 신사(愼思), 명변(明辯), 독행(篤行)을 다 같이 하였다. 그러나 지금 학문을 하는 사람들은 첫째로 박학 한 가지에만 힘쓸 뿐이고, 심문 이하는 돌아보지 않는다.

정약용 ■

학문의 바른 길을 제시하고자 하는 글이다. 옛날의 학문이 지향했던 다섯 가지의 뜻을 먼저 살펴보자.

박학이란 학문으로 얻은 지식이 매우 넓고 많음을 가르치는 말이며, 심문이란 자세히 따져서 묻는 것을 가리킨다. 그리고 신사란 매우 신중히 생각하는 것이며, 명변이란 명백하게 말한다는 뜻이며, 독행이란 열성 있고 성실하게 행한다는 뜻이다.

이렇게 말을 풀어보면 오늘날의 학문이 지식을 넓히는 것에만 힘을 쏟고, 깊이 따져 묻거나, 신중하게 생각하거나, 분명히 말하거나 실천하는 데는 힘을 쏟지 않는다는 것이다. 결국 이 말은 오늘날 학문의 길이 가볍게 행해지고 있다는 것으로 요약된다.

장사훈(張師勛)이 [국악의 편력]에 쓴 다음의 말은 이런 사실을 뒷받침하고 있다.

학문이라는 것은 책을 많이 읽었다고 해서 이루어지는 것도 아니고, 자료가 많이 모였다고 해서 논문이 씌어지는 것이 아니라고 생각한다. 여기 첨가해서 가장 중요한 일은 의문점을 발견해야 하고 그 의문점을 부단히 생각하고 또 되씹어 보아야 한다는 것이 체험에서 얻어진 결론이다.

물이 고인 곳이 깊지 않으면 큰 배를 띄울 힘이 없다. 잔에 든 물을 바닥의 패인 곳에 엎지르면 티끌은 떠서 배가 되지만 잔을 놓으면 바닥에 닿는다. 물은 얕으나 배는 크기 때문이다.

장자 내편 소요유(莊子 內篇 逍遙遊) ■

왜 학문에 힘써야 하는가? 라는 질문에 대한 답이라 할 수 있는 말이다. 물이 있다고 해서 모두 배를 띄울 수 있는 것이 아니라 물이 어느 정도의 깊이가 있어야 그에 맞는 배가 뜰 수 있는 것이다. 얕은 물에는 작은 배를 띄울 수밖에 없고 깊은 물이라야 큰 배를 띄울 수 있다. 조금 크게 생각한다면 깊은 물에 작은 배를 띄우면 배가 뜨기야 하겠지만 물살이 세차게 일면 작은 배는 곧 가라앉을 수밖에 없을 것이고, 얕을 물에 큰 배를 띄운다면 그 배가 제힘으로 멀리 나아갈 수 없을 것이다.

이와 마찬가지로 사람의 경우에 있어서도 쓰임은 다를 수 있다. 어떤 사람은 소집단에서 탁월한 능력을 발휘할 수 있을 것이고, 또 어떤 사람은 대집단에서 그의 능력을 모두 발휘할 수 있을 것이며, 집단의 경우가 아닌 독자적인 분야를 이루는 사람도 있을 수 있다.

그러나 분명한 것은 집단을 움직이거나 그렇지 않고 그 집단에 속해 있다고 하더라도 분명 개인의 몫은 있을 수밖에 없다. 사회를 함께 살아가기 위해서, 아니면 그 사회를 영도하기 위해서는 그 자신 스스로 학문과 수양을 충분히 쌓지 않으면 어떠한 임무도 수행할 수가 없는 것이다.

지혜보다
밝은 눈이
어디있으랴

학문은 번영의 장식, 가난의 도피처, 노년의 양식이다.

아리스토텔레스 ■

　학문이 개인이나 사회에 미치는 영향을 현실적으로 해석한 것이다. 그러나 여기서 번영이나 가난의 도피처라는 말을 물질적으로만 해석해서는 안 될 것이다. 오히려 비물질적인 면에서의 번영이고 도피처로 해석해야 할 것이다.

　학문의 용도가 무엇이며, 학문을 대하는 인간의 태도 등은 영국 최대의 철학자로 불리는 프랜시스 베이컨이 [학문]에서 쓴 글을 보면, 이해할 수 있게 될 것이다.

　학문은 즐거움을 더하는 데에, 장식용에, 그리고 능력을 기르는 데에 도움이 된다. 즐거움으로써의 주효용은 혼자 한가할 때에 나타난다. 장식용으로는 담화 때에 나타나고 능력을 기르는 효과는 일에 대한 판단과 처리 때에 나타난다. 숙달한 사람은 일을 하나하나 처리하고, 개별적인 부분을 판단할 수 있을지 모른다. 그러나 일에 대한 전반적인 계획, 구상, 통제에 있어서는 학문 있는 사람이 제일 낫다. 학문에 지나친 시간을 소비하는 것은 나태다. 그것을 지나치게 장식용으로 쓰는 것은 허세다. 하나에서 열까지 학문의 법칙으로 판단하는 것은 학자의 버릇이다. 학문은 천품(天稟)을 완성하고 경험에 의하여 그 자체가 완성된다. 그리고 학문이 경험에 의하여 한정되지 않으면 그것만으로는 거기에 제시되는 방향이 너무 막연하다. 약빠른 사람은 학문을 경멸하고, 단순한 사람은 그것을 숭배하고 현명한 사람은 그것을 이용한다. 즉, 학문의 용도는 그 자체가 가르쳐주는 것이 아니라 학문을 초월한 관찰로써 얻어지는 지혜에 속하는 문제이기 때문이다.

개성이 확립되어 있지 않은 자의 사랑은 마치 물 위에 뜬 물거품
일 것이다. 반드시 그것이 꺼져서 사라질 때가 있을 것이다.

나도향 [내가 믿는 문구(文句) 몇 개]에서 ■

   개성은 개체의 특성이라고 설명할 수 있는데, 현대는 흔히 개성 시대라
고 한다. 개성 시대라고 하는 말에는 개성이 강조된다는 뜻이 포함되어
있다. 바람직한 방향의 개성 신장은 바람직하지만, 겉모양의 개성만 강조
되는 것은 조심해야 할 일이다.
   김성식은 이런 현대의 개성에 대해 [꽃이로되 향기 있는 꽃]에서

   현대인은 지나칠 정도로 개성이 강해서 장난감 인형을 보아도 신체의
한 부분만 과장한 괴상한 모양을 많이 보게 된다. 개성이 없으면 쓸모가
없다는 풍조가 균제성(均齊性) 가운데서 풍기는 은은한 미를 말살해 버리
고 있는지도 모르겠다.

라고 우려하고 있다. 따라서 개성의 진정한 미는 겉으로 드러나 보이는
것이 아니라 평범한 듯 하면서 비범해야 하는 것이다.
   또한 분명한 개성은 드러나 보이는 것이 아니라 개인의 생각 속에서 살
아나와 행동으로 표현되어야 할 것이다. 복장이 유별나고 차림새가 유별
난 것이 개성이라고 생각하는 것은 착각이다. 그것은 개성이 아니라 별남
이다. 사람 속에서 어울려 받아들여질 수 있는 개성이 되려면 성격이 너
그러워야 하고 풍부해야 한다. 사랑도 이와 마찬가지다.

개성이란 꾸며진 것이 아니요, 그냥 나타나는 것이기 때문에 있
는 그대로의 반사이며 의지의 표현이다.

오화섭 [대학과 괴(怪)]에서 ■

　개성은 꾸며지는 것이 아니라 그냥 나타나는 것이라는 말에 유념할 필
요가 있다. 억지로 개성적으로 보이려고 노력하는 것은 천박하다. 개성은
꾸며지는 것이 아니기 때문이다. 그냥 나타나는 개성, 이것은 어느 날 갑
자기 그렇게 되는 것이 아니라 생활 속에서 자연스럽게 형성되는 것이다.
따라서 개성은 인격과 같은 의미로도 해석될 수 있다. 셰익스피어의 다음
과 같은 말에 귀 기울여보자.

　꽃에 향기가 있듯이 사람에게도 품격이란 것이 있다. 그러나 꽃도 그
생명이 생생할 때라야 향기가 신선하다. 사람도 그 마음이 맑지 못하면
품격을 보전하기 어렵다. 썩은 백합꽃은 잡초보다 오히려 그 냄새가 고약
하다.

　이 말은 개성의 향기는 그냥 풍겨야 한다는 뜻이다.
　따라서 악한 마음을 가지고 아무리 좋은 말을 해도 믿음을 쌓을 수 없
을 것이며, 말솜씨가 아무리 부족하다 해도 진실한 마음에서 우러나는 것
이면 상대방을 감동시킬 수 있다.
　개성도 이렇게 나타나는 것이다. 내보일 수 있는 것이 아니라 상대방이
그렇게 느껴야 하는 것이다. 그래서 내보이려고 노력할 것이 아니라 본성
대로 행동하는 마음을 가지고 생활하여야 하는 것이다. 바른 마음으로 생
각하며 사는 사람의 향기는 은은한 향기를 갖게 되어 있는 것이다.

교양은 궁극에 있어서 개성에 관계되는 문제이다. 이 경우에 개성이란 일종의 처녀지(處女地)라고 생각하는 것이 편리하다. 처녀지를 개간하고 씨를 뿌리고 거름을 주고 제초를 하고 하여 꽃을 피우고 열매를 맺게 하는 개발과 경작의 과정이, 즉 교양이다. 그러기에 영어에선 개발이나 경작이나 교양이나 늘 매한가지 [culture]라 부른다.

최재서 [교양의 정신]에서 ■

최재서는 황해도 출생의 평론가이며 영문학자이다. 경성제대 영문과를 졸업했고 연세대 교수를 지냈다. 1933년 이후 문예평론을 발표했다. [문학원론], [문학과 지성], [최재서평론집] 등이 있다. 최재서의 [교양의 정신]은 대학의 교양국어에 많이 수록되어 널리 읽혀진 편에 속하는 데 교양이 무엇인가를 아주 구체적으로 설명하고 있다.

위에 인용한 말은 교양이 천부적으로 주어지는 것이나 끊임없는 노력에 의해 얻어지는 것이라는 사실을 강조하고 있다. 어의적인 풀이를 좀더 보완한다면 영어의 culture는 개발과 경작의 의미뿐 아니라 재배니 양식이니 하는 뜻도 갖고 있다.

농사를 짓는 일이나 식물을 재배하는 일은 얼마나 많은 노력을 기울여야 하는가? 사람의 손이 가 닿지 않는 밭을 생각해보라. 곧 잡초가 우거진 풀밭이 되어 쓸모가 없어진다. 인간의 마음 밭도 이와 다를 바 없다. 교양을 쌓으려는 노력을 하지 않으면 잡초 우거진 풀밭같이 인간의 마음 밭도 폐허가 되지 않을 수 없는 것이다.

교양이라는 처녀지에 어떤 씨를 뿌리는가는 개인의 선택이다. 그러나 뿌린 사람이 열매를 거두는 것이란 사실을 명심해야 한다.

•지혜보다
밝은 눈이
어디있으랴

교양의 정신은 고독의 정신이다.

최재서 [교양의 정신]에서 ■

교양의 정신이 고독의 정신이란 말은 교양을 쌓기 위해선 고독을 소화할 수 있어야 한다는 뜻이다.

괴테는 "재능은 고독 속에서 길러지고 성격은 세상의 대하(大河) 속에서 형성된다."고 했는데, 교양의 씨가 거름이 되는 것은 문화의 사회적 자극이기 때문이다. 교양의 형성은 개성이 문화를 흡수하여 자기의 숨은 제능력(諸能力)을 개발하고 발달시키는 데 있기 때문인 것이다. 교양은 혼자 물러앉아서 독서하고 사색하고 심적으로 분투하는 혼자만의 시간이 있어야 가능한 것이다.

인간은 집단적 생활에 참가하지 않을 수 없는 사회적 성격을 갖고 있다. 그러나 집단의 생활 속에선 교양을 얻기가 어렵다.

요즈음 청소년들의 생활이 대부분 집단적 생활에 빠져 있기 때문에 교양을 쌓는 시간을 주지 않는 것은 참으로 안타까운 일이 아닐 수 없는 것이다. 따라서 청소년의 교양과 집단적 생활을 어떻게 조화시킬 것인가가 문명국가의 번민거리가 되고 있다.

따라서 개인은 이러한 사회 현상에서 자기의 위치를 확인하는 시간을 가져야 하는 것이다. 뿐만 아니라 개인이 재능을 개발하기 위해서는 자기 혼자만의 시간을 확보하지 않으면 안 되는 것이다. 모든 분야에서 성공한 사람들은 자기 재능의 개발에 게으름을 피우지 않은 사람들이다.

인간이 한 가지 재능을 갖기 위해서는 고독 속에서 그 재능이 요구하는 만큼의 시간을 보내야 하는 것이다. 재능은 고독 속에서 길러지는 것이다.

교양의 정신은 초월의 정신이다.

최재서 [교양의 정신]에서 ■

초월(超越)이란 어떤 한계나 표준을 넘는다는 뜻을 가지고 있는 것이지만 철학에서는 인식, 경험의 범위 밖에 존재함을 뜻하기도 한다. 여기서 교양의 정신이 초월의 정신이란 말은 현실에서 실리 관념을 떠나야 한다는 말이다.

교양은 사회적 자극에 의해 발단되는 것인 동시에 그것을 받아들여 개인이 소화하는 과정이 필요한 것이다. 따라서 그러기 위해서는 현실생활 안에 있으면서도 실리관점을 떠나야 하는 것이다. 당장 눈앞에 보이는 것에만 매달려 그 다음 일을 생각하지 않은 것은 교양인이 취할 태도는 아닌 것이다.

교양은 문화를 수단으로써가 아니라 목적 그 자체로써 추구할 때만 가능하다. 만약 고전을 읽는다 하더라도 그것이 시험 준비라는 실리적 목적을 위한 것이라면 그것은 참된 의미에 있어서 교양이 될 수 없는 것이다.

영국의 유명한 아놀드의 교양론은 19세기 후반 영국사회 전체가 진리를 사랑하지 않고, 정신적 가치를 돌보지 않았으며 오로지 물질적 이득만을 위하여 급급하던 시대에 쓰여져 각광을 받았다. 학리(學理)보다는 습관과 선례에 의하여 처리하려 하고, 이상(理想)보다는 편의 주의적 임기응변에 의하여 처세하려 하고, 진리와 미(美)보다는 세속적 성공과 물질적 이득을 취하려는, 이 같은 특성을 속물주의(philistinism)로 규정하고 이에 대립되는 청징(淸澄 : 맑고 깨끗함), 굉활(宏闊 : 크고 너름), 고매(高邁 : 인격 또는 학식이 높고 빼어남)한 희랍 정신을 고취하였다.

요컨대 현실적 실리에 너무 집착하는 것은 교양일 수 없다.

•지혜보다
밝은 눈이
어디있으랴

교양의 정신은 관용의 정신이다.

최재서 [교양의 정신]에서 ■

관용(寬容)이란 사전에서 '너그럽게 용서하고 용납함'이란 뜻을 갖는 말이다. 교양의 정신이 이 관용의 정신을 바탕으로 하는 것은 너무나 당연한 일이다. 너그럽지 않고는 받아들일 수 없는 일이 너무나 많기 때문이다. 흔히 있는 일로 자기의 잘못은 전혀 보지 못하고 남의 잘못만 보는 것은 결국 너그럽게 받아들여 이해하지 못하기 때문이다. 따라서 교양인이 되기 위해서는 우선 남을 이해하려는 입장을 취해야 한다.

인간에 대해서 뿐만 아니라 사회 문화 현상을 대하는 태도에서도 관용의 정신은 발휘되어야 한다. 교양은 일반적인 동시에 또한 포용적이다. 어떤 성질의 문화에 대해서나 또는 문화의 어떤 부문에 대해서나 교양은 배타적이 아니다. 무엇이나 자기 개성의 양식이 될 만한 것이면 섭취하고 또 이질적인 것도 일단은 받아들이는 것이 교양의 생명이다.

예를 들어 내가 향수(享受)하는 문화만이 최고의 것이고 내가 접하지 않는 문화는 형편없는 것이다 라는 생각 속에서는 관용이 자랄 수 없다. 스스로 접하지 않는 문화에도 나름대로의 철학이 있고 접할 명분이 있음을 인정하지 않으면 안 된다.

따라서 교양의 다양성과 신념의 통일성이라는 것을 깊이 생각하여야 한다. 다양함을 인정하고 수용하면서 자기 신념의 통일성을 가져야 하는 것이다. 신념이 없는 교양은 천박하고, 교양이 없는 신념은 편협한 것이다. 교양의 다양성과 신념의 통일성을 양립시켜야 한다.

교양의 정신은 비평의 정신이다.

최재서 [교양의 정신]에서 ■

비평이란 사물의 선악(善惡), 시비(是非), 미추(美醜)를 평가하여 논하는 것을 말한다. 교양의 정신을 비평의 정신이라고 하는 이유는 비평적 감별력이 교양을 드러내는 것이기 때문이다.

학식은 지식의 축적이고 양식(良識)은 바로 교양의 축척이라고 할 수 있다. 따라서 학식과 양식(良識)은 엄밀한 의미에서 구분된다. 학식은 독서를 통하여 얻을 수 있지만 양식은 오랫동안의 교양이 쌓여 이루어진다. 그리고 학식은 지식의 축적이니까 다른 학자들의 것을 빌려 올 수도 있지만 양식은 그럴 수 없다. 양식은 교양만이 가져올 수 있는 지혜이기 때문에 함부로 차용(借用)할 수 없다.

이리하여 교양인은 자기의 학식을 함부로 자랑하지 않고 양식을 견지(堅持)하면서 겸허하게 매사(每事)에 자기 자신의 가치관, 비평 기준을 가지고 적절한 판단을 내린다.

따라서 교양인은 자기 삶의 목표에서부터 행동 하나하나에 기준을 가지고 있어야 한다. 그냥 맹목적으로 남이 많이 하니까 하는 식으로 행동하지 않는다. 어떤 행동과 판단이든 그것의 옳고 그름을 분명히 인식하고 행동해야 하는 것이다. 그런 기준을 가지지 않고는 우리는 절대 교양인이 될 수 없다.

그러한 비평의 정신은 새로움을 갈망하는 정신이며 습관적인 중복감을 미워하는 정신이다. 어떤 사물이든 그것에 대한 정확한 비판없이는 바로 볼 수도 없고 알 수도 없다.

비평의 정신은 언제나 미래를 향하고 있는 정신이다.

지혜보다
밝은 눈이
어디있으랴

교양이라고 하는 것은 특수성이 사물의 본성에 따라서 거동하도
록 닦는 것을 말하는 것이다.

G. W. F. 헤겔 [법철학 강요(綱要)] ■

헤겔은 이와 같이 교양을 정의하면서 교양이 있는 사람과 교양이 없는
사람을 다음과 같이 설명하고 있다.

교양 있는 사람이라고 한다면 먼저 다른 사람이 하는 일이면 무엇이든
지 할 수 있는 사람, 자기의 특수성을 강조하지 않는 사람이라고 생각하
면 틀림없다. 이에 반해서 교양 없는 사람에게 있어서는 그 거동이 대상
의 일반적 성질에 따르지 않고 있기 때문에 자기의 특수성이 나타난다.
꼭 같이 다른 사람의 관계에 있어서도 교양 없는 사람들은 자기만을 무리
하게 내세워 다른 사람을 흔히 괴롭히는 것이다. 별로 다른 사람을 상하
게 하려는 생각은 없어도 그의 거동이 그의 의지와 잘 일치하지 않는 것
이다.

이 말은 결국 교양이란 다른 사람들에게 이해될 수 있는 범위를 넘지
않는 것이라고 해석할 수 있는 것이다. 헤겔은 참된 독창성은 사물 그 자
체를 낳는 것이므로 참된 교양이 없이는 이루어지지 않는 것이라고 설명
하고 있다.

우리는 일상생활에서 흔히 '순리대로'라는 말을 많이 하는데 교양인의
행동은 이런 특성을 갖는 것이다. 개성적이라는 말도 모든 사람의 상식선
안에서 이해될 수 있어야 개성이 된다. 따라서 범위를 벗어나면 그것은
당연히 비교양인이 되는 것이다. 진정한 교양은 이렇게 그 자연스러움에
서 우러나는 것이다. 억지로 교양 있는 사람인척 하려고 하는 것은 더욱
비교양적인 행동이다. 사물의 본성에 따른 거동이, 바로 교양인 것이다.

참다운 교양이란 얼마만한 결심으로 자기를 무화(無化)할 수 있느냐에 있다. 조그만 자아를 버리지 못하는 한 참된 교양이라고 할 수 없다.

G. W. F. 헤겔 ■

　위에 무화(無化)한다(나를 버린다)는 말이 나오는데 어떻게 하는 것이 나를 버리는 것이며, 왜 버려야 하는 것인지를 아는 것이 중요한 문제다. 여기서 나를 버린다는 것은 영영 버리는 것이 아니라 나 자신이 나를 일단 부정(否定)함으로써 나를 뛰어넘어 한 차원 높게 초월한다는 뜻이다. 이는 곧 나 스스로를 개방하여 보다 큰 시야로써 나 이외의 모든 것을 일단 긍정적으로 겸허하게 받아들인다는 뜻이요, 쉽게는 마음을 텅 비운다는 뜻과도 통하는 것이다.

　이와 같이 자기 부정을 통하여 내 의식 속에서 무(無)를 발견하고 자기 자신을 무화(無化)함으로써, 나는 진실로 한 차원 높은 나 아닌 내가 되어, 나 아닌 타자(他者)를 인정하게 되며, 그를 바로 인식하고 비판하게 됨은 물론, 나아가서 내가 나 자신까지도 재인식하고 재평가 할 수 있게 되는 것이다. 나와 너와의 끊임없는 대화와 행동의 광장이 이룩되면서 우리 앞에 열려있는 신천지가 파노라마처럼 전개되는 것이다.

　이게 바로 사회다. 이 사회 속에서 우리는 생각하고 토론하며, 행동하고 싸우며 괴로워하면서 각자 다양한 자기의 삶을 스스로 엮어 나가는 것이다.

　이 때 우리는 이미 자기가 훌륭한, 아니 나름대로의 교양을 지닌 사람으로 변신(變身)해 있음을 발견하게 되는 동시에 그것이 그대로 나름대로의 인격을 형성하고 있다는 사실까지도 깨닫게 될 것이다.

지혜보다
밝은 눈이
어디있으랴

남이 나를 알아주지 않음을 근심하지 말고 자신의 무능함을 근심하라. 남이 나를 속이는 가를 넘겨짚지 않으며 남이 나를 믿지 않을 것을 짐작하지 않으며, 먼저 깨닫는 이가 현명한 사람이다.
(不患人之不己知요 患其不能也니라. 不逆詐하며 不億不信이나 抑亦先覺者가 是賢乎인저.)

논어 헌문편(論語 憲問篇) ■

　세상 사람들은 자신을 알아주기를 기대한다. 또 자신을 알려야만 살아갈 수 있다고 믿는다. 진정 자신의 인정받는 부분이 어디인지 모른 체 말이다. 사람의 능력은 무한하다. 무한한 능력의 한 부분만을 인정받는다고 해서 그 사람 자체를 인정한다고 할 수 있는가. 그렇지 않다. 모든 부분에 통달할 수 있는 길은 지극히 어렵고 험난한 고행의 연속이겠지만 진정한 능력의 소유자가 되어야 한다.

　다시 말하면 모든 부분을 고르게 행할 수 있어야 한다는 말이다. 자신을 알아주지 않는다 하여 근심하고 있다면 더 이상의 발전은 오지 않는다. 알아주기를 기다릴 것이 아니라 모자라는 부분을 보충하고 끊임없이 갈고 닦는다면 반드시 인정받는 기회는 올 것이다.

　또 사람을 대함에 있어서 본심으로 대해야 한다. 본심은 깨끗한 심성을 말함이다. 그러나 저들이 나를 속일 것을 두려워하여 그를 경계하고 저들이 나를 행여 믿지 않고 있는 것이 아닌가 하여 그들이 믿게끔 억지 행동을 한다면 오히려 반대의 효과를 가져올 수 있는 것이다.

　사람을 대하는 데 있어서 거짓이 있어서는 안 된다. 거짓은 또 다른 거짓을 부를 뿐이다. 거스름이나 억측을 하지 아니하면 옳고 그른 것은 자연히 깨닫게 되고, 또 남에게 자신의 신뢰감을 심어줄 수 있다.

이 말은 이영희의 책 제목이다. 그러나 짧은 이 한 마디는 매우 함축적인 의미를 지니고 있다. 이 책을 쓴 이영희는 머리말에서

"진실은 균형 잡힌 감각과 시각으로만 인식될 수 있다. 균형은 새의 두 날개처럼 좌와 우의 날개가 같은 기능을 다할 때의 상태이다. 그것은 자연의 법칙에 맞고, 인간 사유의 가장 건전한 상태이다. 진보의 날개만으로는 안정이 없고, 보수의 날개만으로는 앞으로 갈 수가 없다. 좌와 우, 진보와 보수의 균형 잡힌 인식으로만 안정과 발전이 가능하다. 인식능력과 지식, 사상과 판단력에서, 좌·우 균형 잡힌 이상적 인간과 사회를 목표로 삼고 염원하는 마음의 표현이다."

라고 하여 이 말을 책 제목으로 썼던 이유를 밝히고 이 말이 의미하는 것을 설명하였다. 이영희는 같은 제목의 칼럼에서 미국의 대통령 입후보 경선에서 재시 잭슨이 미국사회의 병폐를 고쳐야 한다고 주장하는데, 재시 잭슨에게 '우'라는 사람들이 '좌'라고 비난을 했다. 그 때 잭슨이

"당신네들, 하늘을 나는 저 새를 보시오. 저 새가 오른쪽 날개로만 날고 있소? 왼쪽 날개가 있고, 그것이 오른쪽 날개만큼 크기 때문에 저렇게 멋있게 날 수 있는 것이오."

라고 점잖게 반박했다는 이야기를 쓰고 있다. 개인의 판단과 사회인식에서 균형 잡힌 사고를 하기 위해 새겨 둘만한 말이다.

우리는 번잡스런 세상사를 인식하기는 하되 마음속에 담아 두는 것은 정중히 거부할 수 있어야 한다. 우리는 소문으로 들리는 것에 솔깃해지는 태도를 버려야 한다.

휴 프레이드 [불행한 세상 행복하게 사는 법]에서 ■

[나에게 쓴 편지(Notes to Myself)]로 우리에게 알려진 미국 작가 휴 프레이드는 인간성 개발에 관심을 기울여 왔는데 위의 인용문이 담긴 〈불행한 세상 행복하게 사는 법〉에서 작가는

행복해지기는 쉽다. 어려운 것은 불행을 떠나보내는 일이다. 우리는 모든 것을 다 쉽게 포기해도 불행만은 포기하지 못한다.

고 하여 행복과 불행을 선택의 문제로 생각해 보지 않는 우리에게 충격을 준다. 휴 프레이드는 불행이 우리가 선택한 것이라는 사실을 강조한다.

'하루에도 수천 번씩 행복을 희구하는 우리의 마음은 이보다 훨씬 더 강하게, 행복해질까 두려워하는 마음 때문에 스러져버린다. 우리가 완전한 자유를 만끽하고, 샤워하며 노래 부르고, 남에게 들릴 만큼 큰 소리로 휘파람이라도 불라치면 해묵은 걱정거리가 스멀스멀 우리 속으로 기어든다.'는 사실로 이 말을 증명하고 있다.

이는 우리가 걱정을 만들어서 하고 있다는 것이다. 그는 더욱 강하게 '우리는 우리가 불행해지려고 얼마나 열심히 애써왔는지 잊고 있다.'고 경고하고 있다.

이 문제를 어떻게 생각하고 있는지 반문해 보기로 하자. 우리가 일상생활에서 정말 쓰잘데 없는 곳에 신경을 써서, 불행해지려고 노력하고 있는 건 아닌지 말이다.

교양

취미를 가지려면 혼(魂)을 가지고 있어야 한다.

L. C. 보브나르그 [성찰과 잠언]에서 ■

취미가 인간 생활에 어떤 영향을 미치는가 하는 것은 쉽게 설명하기 어렵다. H. 제임스가 [어느 부인의 초상화]에서

취미는 설명할 수가 없다.

고 이미 간파한 적이 있었지만, 취미를 가지려면 혼을 지녀야 한다는 말은 취미가 혼을 쏟아야 할 만큼 중요하다는 의미를 가지는 것이다. 이희승이 '취미'에서 설명하고 있는 것을 보면 수긍할 수 있을 것이다.

취미 생활은 활동의 능률에만 관계되는 것이 아니라 정당한 취미 생활을 영위함으로써 고상한 인격을 함양하게 되며 생의 의의와 인간의 가치까지도 깨닫게 한다. 취미 생활이란 대개 자연과 접근하는 것이다. 자연물을 상대로 하는 것이기 때문에, 자연을 사랑하고 자연을 이해하고 자연과 융화하게 된다. 그 동안 부지불식중에 인생과 자연과의 관계, 자연 속에서 인생의 지위, 인생이 당연히 걸어가야 할 길을 발견하게 된다. 꽃 한 포기를 가꾸거나 새 한 마리를 기르는 동안에 대우주의 법칙을 깨달을 수 있고, 그림 한 폭을 감상하고 거문고 줄 한 가닥을 어루만지는 사이에 옛 사람의 신운(神運)이나 심금(心琴)에 부딪칠 수 있는 것이다. 따라서, 인생의 목표를 바라볼 수 있는 영감을, 신비로운 지표를 각득(覺得)할 수도 있는 것이다.

•지혜보다
밝은 눈이
어디있으랴

모든 취미의 근본은 즐거움에 다름 아니다. 즐거움기 때문에 그
것을 하고, 즐거움을 위해서 그것을 한다.

전봉건 [취미란]에서 ■

왜 취미를 갖는가? 라는 질문을 한다면 사람마다 표현은 다를지 모르지
만 그 대답의 핵심은 즐거움을 위한 것이라는 범주로 묶을 수 있을 것이
다. 삶이 주는 각박함을 순화시키고, 메마른 가슴을 적시기도 하고 휴식
을 취하기도 하며 그로부터 진정한 삶의 기쁨을 찾기도 한다. 그래서 혹
자는 취미 생활 자체가 직업이 되는 것이 가장 행복한 삶이라고 말하는
데, 충분히 수긍할 수 있는 말이다.

취미가 삶의 즐거움을 창조하는 것이라면 우리 삶에서 얼마나 소중한
것인가? 영국 작가 스코트는 [해적]이란 책에서,

기쁨이 없는 인생은 기름이 없는 램프다.

라는 비유를 통해서 기쁨없는 인생의 무의미함을 강조했다.

뿐만 아니라, J. 케플러는 [더 기쁨을]이란 글에서,

기쁨은 인생의 요소이며, 인생의 욕구이며, 인생의 힘이며, 인생의 가
치이다. 인간은 누구나 기쁨에 대한 욕구를 갖고 기쁨을 요구할 권리가
있다.

고 했다. 따라서 취미는 가치 있는 인생, 힘 있는 인생을 살기 위해 가꾸
어야 하는 것이다. 건전한 취미는 인생을 건강하게 꾸미는 것이다.

사람의 취미는 그 얼굴이 다르듯 천차만별이니 내 취미로 남의
취미를 다루지 말아야 한다. 그러므로 취미는 그 사람의 사상과
교양과 성품의 표현이기도 하다.

무심록 ■

이 말은 취미의 다양함을 인정하지만, 취미가 그 사람의 인격을 드러낸
다는 측면에서 취미 선택에 관한 조언을 해주고 있다. 취미의 선택에 있
어서 그 누구도 어떤 취미를 갖는 것이 가장 이상적이다 라고 말할 수 없
다. 그것은 개인의 취향이고 이른바 개성이기 때문이다. 그러나 분명한
것은 각각의 취미 영역은 그 영역마다 특수성이 있고 주는 기쁨의 질이
다를 수 있다는 것이다.

그래서 취미가 그 사람의 사상과 교양과 성품을 표현하는 것이라고 말
할 수 있다. 우리 사회에서 통용되는 이력서 같은 데서 취미 란을 기재하
는 것도 이런 까닭에 연유하는 것이다.

그러나 그것이 어떤 취미든 다른 사람의 취미를 자기 취미의 기준에 맞
추어서는 안된다. 내 취미의 영역이 소중한 만큼 다른 사람의 취미도 소
중한 것이다. 연암 박지원 선생은 [예덕선생전(穢德先生傳)]에서

사람마다 저 혼자서 만이 좋아하는 취미가 있어서 남들로선 알 수 없는
데도 불구하고 남들은 딱하게도 자꾸만 그의 허물을 발견하려고 애쓴다.

고 쓰고 있다. 따라서 이런 말들을 통해 내가 가진 취미가 자기 자신을 표
현하는 데 적합한 것인가를 생각해 볼 필요가 있을 것으로 생각된다.

취미에 대해서는 각자가 자기 자신의 주인이 되어야 한다.

볼테르 [조로아스터교도, 역사적 비판적 논문]에서 ■

취미 생활을 억지로 하는 일이 아니다. 스스로 즐겨 하고 싶어야 취미가 된다. 그러나 인간은 하고 싶은 일에만 매달려 자기중심을 잃는 경우가 없지 않다. 취미 생활은 이 점에 경계를 늦추지 않아야 한다. 취미의 그런 속성은 우리나라의 다음과 같은 속담에서도 전해온다.

동냥자루도 제 맛에 찬다.

찬밥 두고 잠 아니 온다.

이와 같은 말들은 그만큼 취미에 몰두한다는 말도 되지만 자기중심을 세워야 한다는 것을 가르쳐 주고 있다. 취미는 즐기는 사람이 생활을 잘 조절하고 통제하여야 취미의 본래 의미를 살릴 수 있다.

취미 생활을 하는 것은 삶을 풍요롭게 하기 위한 것이다. 따라서 즐겁게 해야 하는 것이다. 사람은 마음이 유쾌하면 온종일 걸어도 조금도 싫증이 나지 않는다. 인생의 항로도 이와 마찬가지다. 항시 명랑 유쾌한 마음으로 지내면 모든 악을 물리칠 수 있으며 건전한 생활을 영위할 수 있다. 삶의 길에서 피할 수 없는 여러 근심·걱정을 잊기 위해서라도 취미 생활은 절대적으로 필요한 것이다.

그러나 사람이 취미를 즐겨야지 취미가 사람을 끌고 가서는 안 된다. 사람이 취미에 끌려가면 생활을 풍요롭게 하는 것이 아니라 생활을 망치게 하는 일이 될 수도 있는 것이다.

사랑은 모든 것을 정복한다.

베르길리우스 [목가(牧歌)]에서 ■

베르길리우스는 로마 제 2의 서사시인 [아에네이스]의 작자로 유명하다. 베르길리우스 작품의 특징은 부드러움과 섬세한 정서의 표현에 있다고 한다.

베르길리우스의 청년 시대의 작품 [목가]는 신선한 아름다움을 지녀 새로운 연애 묘사에 충격을 주었다. 이 작품에서 순결한 처녀의 동경에 가슴 태워 혼자 고민하는 친구 갈루스를 위로하지만 갈루스는 위로 받지 못하고 숲 속의 나무에 애인의 이름을 새기면서, 강한 사랑 때문에 잊을 수 없다는 이야기를 담고 있다.

이와 같이 사랑의 위대함을 설파한 명언은 많다.

사랑은 인간에게 몰아(沒我)를 가르친다. 그 때문에 사랑은 인간을 고통에서 구제한다.　　　　　　　　　　　　　　　　　－톨스토이－

사랑할 수 있다는 것은 모든 것을 할 수 있다는 것이다.　　－체호프－

사랑은 죽음처럼 강하다.　　　　　　　　　　　　　　－구약성서－

이런 명언들 속에서만 사랑의 위대함이 있는 것이 아니라 우리 일상생활에서도 사랑의 위대함은 자주 느낄 수 있다. 사랑을 위하여 목숨을 바치는 일을 보는 것도 그리 어렵지 않은 일이다.

사랑 앞에서는 어떤 불가능도 없는 것이다.

지혜보다
밝은 눈이
어디있으랴

사랑은 맹목이다.

　사랑은 맹목이다. 맹목이란 사리에 어두운 눈을 말한다. 이 말은 결국 사랑이 위대하다는 말이다. 그리고 사랑은 맹목적이라야 한다. 사랑에 어떤 조건이 붙는다면 그것은 이미 순수한 사랑의 범주를 벗어난 것이다. 그래서 '소로' 같은 이는

　사랑을 고치는 약은 없다. 만약 있다면 더 사랑할 수 밖에 없는 것이다.

라고 말했고,

　사랑의 안중(眼中)에는 법률이 없다. 　　　　　　　　-포르투갈 속담-

　사랑은 칼 없이 왕국을 지배한다. 　　　　　　　　　-영국 속담-

는 말들도 있다. 이와 같은 뜻으로 일본의 속담에는 동양의 성인 공자까지 끌어와서

　사랑의 멧산에 공자님이 넘어진다.

는 속담까지 있다. 중국에는

　사랑은 온 몸이 눈이지만 아무것도 보지 못한다.

라는 속담이 있고 우리도, 맹목적인 사랑을 '눈먼 사랑'이라고 말하기도 했다.

사랑은 만남이다.

임옥인 [생명미 탐구의 긴 오솔길]에서 ■

   인간의 삶은 만남으로 이루어진다. 따라서 삶은 사랑이고 사랑은 삶이다. 인간이 사회적 동물이란 말의 뜻도 이 범주에 속한다.
   19세기 영국의 계관시인 테니슨은 그의 서사시 [이녹 아든]에서

   인간이 혼자면 인간이 아니다.

라고까지 했다. 인간은 두 사람 이상이 서로 만나야 비로소 인간 생활을 영위할 수 있다는 말이다. 사회의 최소 단위인 가정만 생각해도 금방 이 말을 이해할 수 있을 것이다.
   사랑을 만남이라고 전제한 임옥인은 그 다음에 '진리와의 만남, 사람과의 만남, 만남을 소중히 여기자.' 라고 글을 잇고 있는데, 이 만남을 꼭 사람과 사람으로 한정하지 않고 더 넓게 해석하고 있다.
   따라서 존재하는 모든 대상, 그것이 유형이든 무형이든 인간과의 만남이 가능한 것이다. 이 만남에서 새로운 세계가 창조되는 것이다.
   젊은 시절 한 권의 책과의 만남이 인생의 진로를 바꾸게 한 예도 적지 않다. 뿐만 아니라 우연한 대상과의 만남도 일생의 일이 될 수 있고 삶의 성패를 좌우할 수도 있는 것이다.
   인간의 삶은 무엇을 어떻게 만나느냐에 따라 결정되어진다고 하면 지나칠까? 인생은 만남의 연속으로 꾸며지는 것이다.

사랑은 인체가 가진 화염(火焰)이다.

이태준은 1930년대부터 소설가로 활동하다가 해방 혼란기에 월북했다. 그가 1934년 5월 [중앙]지에 발표한 [인생과 연애]에서 사랑을 여섯 가지로 정의한 것 중의 하나가 위에 인용한 글이다. 사랑이 인체가 가진 화염이란 것은, 사람은 사랑의 불길이 피어오를 때 풀무에 들어간 금속물처럼 비로소 인생으로서의 단련이 시작되는 것이라는 설명을 붙이고 있다.

나머지 다섯 개의 정의와 설명은 다음과 같다.

- 사랑은 생선과 같은 것이다.

변질하기 쉽기가 여름날 생선과 같은 것이다. 덤비고 먹으면 가시에 걸리기도 하려니와 썩은 것을 먹고 중독되기도 쉬운 것이다.

- 사랑은 이중의 성격자이다.

우매한 남녀를 가장 고원(高遠)한 이상에 살게 하는 진정한 인생의 목자도 사랑이요, 훌륭한 신사 숙녀로 하여금 가장 파렴치에 빠지게 하는 악마도 사랑인 것이다.

- 사랑은 전제(專制)를 즐긴다.

사랑은 한 쪽의 남녀를 사로잡기를 즐기는 것이다. 이 사랑의 전제를 물리치고 사랑을 떳떳이 지배하는 남녀야말로 사랑의 선수일 것이다. 또 인생의 선수일 것이다.

- 사랑도 사람이다.

사랑을 품은 그 두 남녀의 인격에 따라 그들 사랑의 수준도 혹은 개천 바닥에, 혹은 구름 위에 있을 것이다.

- 사랑은 영원한 고전이다.

세계를 움직이게 하는 것은 사랑이다.
그러나 사랑에는 하늘의 별만큼이나 많은 면이 있다.
그것은 이것도 아니고 저것도 아니다.
그것은 한꺼번에 모든 것을 의미한다.

문일영 역 [사랑이란 것]에서 ■

    문일영은 J. P. 사르트르의 [사랑의 도피행], 어윈 쇼의 [도시의 예상] 등 아홉 편의 글을 번역, [사랑이란 것]이라는 제목으로 책을 펴냈다. 위에 인용한 글은 서문에 있는 말인데, [서문에 대하여]는 사랑의 여러 정의를 수록하고 있다.
    그 다양한 해석을 실제로 들어보면서 설명을 대신한다.

    사랑은 허위와 환각에서 생기는 것이다. 그것은 고통을 받고 있을 때 우리가 우리에게 고통을 준 자들로부터 위안을 받아야 하겠다는 우리의 필요에 지나지 않는 것이다.

-프루스트-

    진정하게 위치하였을 때 사랑은 모든 것을 정화한다. 그 화살이 닿음으로써 먼지는 황금으로, 물질은 마음으로, 극단의 정욕은 순결로 변하고 음탕한 마음에 신전(神殿)이 선다.

-셰익스피어-

    사람들이 그토록 고귀하게 부르는 '사랑할 필요'란 고적(孤寂)에 대한 공포, 자아를 남의 육체 속에 침전시키려는 욕망에 지나지 않는다.

-보들레르-

사랑은 미안하다는 말을 할 필요가 없는 것입니다. 언제까지나.

에릭 시갈 [러브 스토리]에서 ■

미국의 소설가요, 비교문학 박사로 하버드, 예일, 프린스턴에서 고전과 비교문학을 강의하는 에릭 시갈이 1970년 발표한 소설에 나오는 말이다. 이 작품은 그의 처녀작으로 순수하고 낭만적인 사랑을 테마로 한 것이다. 현대 사회가 기성세대들의 잘못된 가치관으로 인해 여러 부면(部面)에서 혼미스러운 상황을 연출하고 있다. 그 가운데 요즘 젊은이들이 인생의 목표를 잃고 방황한다는 우려가 있지만, 그러나 그렇게 보일 뿐이지 실상은 건전하고 건강한 젊은 세대가 얼마든지 우리 주변에 있다는 면에서 지각있는 사람들을 일깨워주고 있다.

올리버와 제니의 순수하고 아름다운 사랑은, 사랑이 무엇인가를 그냥 느끼게 해준다. 위에서 예로 든 말 뿐만 아니라 다음의 대화도 감동을 준다.

"내일 밤 파리로 날아가는 거야. 우리 저녁은 파리에서 먹게 돼."
"그만 둬, 올리버."
"무슨 뜻이야, 그만 두라니?"
"올리버."
"그건 우리가 할 일이 아니야."
"무슨?"
"난 파리에 가고 싶지 않아. 갈 필요도 없고, 오직 당신만을 원해!"
"이미 갖고 있잖아!"
"그리고 난 내 시간이 필요해. 그건 당신이 줄 수 없는 거야."

제2장 _ 길 위의 장

사랑

사랑한다는 것은 둘이 서로 들여다보는 것이 아니라 함께 같은 방향을 쳐다보는 것이다.

A. 생텍쥐페리 [인간의 대지]에서 ■

　프랑스의 비행가이며 소설가인 생텍쥐페리는 전 세계적으로 [어린 왕자]로 잘 알려져 있다. 그가 사랑한다는 것은 서로 들여다보는 것이 아니라 함께 같은 방향을 쳐다보는 것이라고 정의한 것은 참 탁월한 식견이었다고 생각된다.

　그렇다. 확실히 그렇다. 사랑은 서로 쳐다보는 것이 아니라 함께 같은 방향을 쳐다보는 것이다. 함께 같은 방향을 바라본다는 것은 인생을 바라보는 시각이 같음을 의미하고, 같은 길을 가는 것을 의미하고, 함께 가는 것을 의미한다.

　따라서 그 의미를 확대하면 페스탈로치가 정의한,

　사랑은 땅덩어리를 동이는 끈이다.

라는 정의에 닿을 수 있고, 프랑스 철학자 콩트가 정의한,

　사랑의 본질은 개인을 보편화하는 것이다.

라는 정의에도 접맥된다.

　함께 같은 곳을 바라보기 위해서는 많은 노력을 해야 한다. 사랑은 자기희생이 없이는 절대 이루어질 수 없다. 함께 같은 방향을 바라보기 위해서는 서로의 시각을 조금씩은 바꾸어야 한다. 그런 노력 없이 함께 같은 방향을 바라보기는 어렵다.

지혜보다
밝은 눈이
어디있으랴

사랑에는 실로 수많은 종류가 있어서 무엇부터 정의를 내려야만
좋을지 알 수 없을 정도이다. '사랑'이라는 명칭은 대담하게도
며칠 밖에 계속되지 않는 변덕에 대해서도 쓰이고 있다. 애착 없
는 친밀성, 판단 없는 감상(感傷), 탕아의 교태, 냉담한 습관이나
낭만적 공상, 또는 곧바로 싫증이 나는 어떤 미각까지도 '사랑'
이라고 부른다. 사람들은 수많은 공상까지도 사랑이라고 부른다.

볼테르 [철학사전]에서 ■

볼테르는 프랑스 계몽주의의 대표적 철학자이다. 그는 1714년 파리에
나와 시를 쓰다가 섭정(攝政 : 임금을 대신하여 정치함, 또 그 사람)을 비
방한 혐의로 투옥되었고, 석방되어 귀족과 다투다가 다시 투옥되기도 하
여 귀족의 횡포를 통감하고 석방되자 영국으로 건너갔다. 1729년 귀국하
여 저술에 전력, [철학서간](1734)을 발표했는데 영국을 찬미하고 프랑스
를 헐뜯었으므로 책은 불태워지고, 그는 샤를레 부인의 도움으로 도망하
였다. 1750년 프로이센의 프리드리히 대왕의 초청을 받아 그 궁정에 드
나들며 사상과 문학을 논하다가 1753년 스위스의 국경 부근인 페르네로
옮겨, 시·극시·우화·소설·수필 등 다방면에 걸친 작품 활동으로 그
의 이름은 온 유럽에 걸쳐 소위 '볼테르의 시대'를 이룩하였다.

이와 같은 삶의 역경을 거친 볼테르는 2세기 이전에 사랑이란 말이 너
무나 함부로 쓰이고 있다는 사실을 지적하고 있다. 사랑이란 말뜻이 너무
좋고 넓게 쓰일 수 있어 많이 사용되지만 함부로 써서는 안 된다는 경고
를 주고 있는 것이다. 이미 너무나 함부로 사용하여 때가 묻은 언어가 되
어버린 느낌까지 없지 않지만, '사랑'이라는 말은 제 빛을 발할 수 있는
곳에만 써야 한다.

사랑은 오래 참습니다. 사랑은 친절합니다. 사랑은 시기하지 않습니다. 사랑은 자랑하지 않습니다. 사랑은 교만하지 않습니다. 사랑은 무례하지 않습니다. 사랑은 사욕을 품지 않습니다. 사랑은 성을 내지 않습니다. 사랑은 앙심을 품지 않습니다. 사랑은 불의를 보고 기뻐하지 않고 진리를 보고 기뻐합니다. 사랑은 모든 것을 덮어 주고 모든 것을 믿고 모든 것을 바라고 모든 것을 견디어 냅니다.

신약성서 고린도전서 ■

사랑에 관한 많은 가르침 중에서 이 보다 더 많이 알려진 말은 없다고 해도 지나치지 않을 것이다. 사랑하는 일이 구체적으로 무엇인가를 분명히 제시해 주고 있기 때문이다. 고린도전서는 이 말에 앞서 사랑이 얼마나 소중한 것인가를 다음과 같이 쓰고 있기도 하다.

내가 인간의 여러 언어를, 천사의 말까지 한다 하더라도, 사랑이 없으면 나는 울리는 징과 요란한 꽹과리와 다를 것이 없습니다. 내가 하느님의 말씀을 받아 전할 수 있다 하더라도, 산을 옮길만한 완전한 믿음을 가졌다 하더라도, 사랑이 없으면 나는 아무것도 아닙니다. 내가 비록 모든 재산을 남에게 나누어 준다고 하더라도, 또 내가 남을 위하여 불 속에 뛰어든다 하더라도, 사랑이 없으면 아무 소용이 없습니다.

이 글들을 새겨 읽으면 사랑이 얼마나 소중하며, 또 어떻게 하는 것인가를 깨달을 수 있다. 사랑의 가장 실천적인 방법은 우리의 어머니들이 우리를 어떻게 사랑하는지를 생각해 보면 위에 쓴 사랑의 의미를 실감할 수 있을 것이다.

지혜보다 밝은 눈이 어디있으랴

주식 시장은 주식의 값이 시시때때로 변한다. 주가의 변동이 없다면 주식 시장은 있을 필요도 없는 것이다. 연애의 주식 시장에 안정주가 없다는 말은 연애 감정에 변화가 심하다는 것을 뜻한다.

M. E. 몽테뉴도 그의 명저 [수상록]에서

정직하게 말해서 연애의 불길은 보다 활기를 띠고, 보다 뜨겁고, 보다 격렬하다. 그러나 그것은 맹목적이고 경망하고 동요하며 언제나 변하기 쉬운 불길이며, 금시 타오르다가 금시 꺼지는 열병 환자의 불길 같은 것이며 우리들의 한 구석 밖에 잡지 못하는 불꽃이다.

라고 연애 감정의 변화를 쓰고 있다.

뿐만 아니라 L. C. 보브나르그는 [성찰과 잠언]에서,

마음이 변치 않는다는 것은 연애의 망상이다.

라고까지 한다.

연애의 주식 시장에서 어떻게 안정주를 살 수 있을 것인가? 그것은 인간의 이성적 사고에서 얼마간의 도움을 얻을 수 있을 뿐이다.

인간의 삶에서 이성적 사고를 중시하는 까닭은 인간의 행동이 감정에 따라 좌우되는 것을 막자는 것이다. 연애에서도 이성적 사고에 따라 행동한다면 연애의 신선함이 커지고 이것은 세상을 훨씬 밝게 펼칠 것이다.

> 연애는 인생의 비밀을 풀어주는 열쇠, 연애가 있은 다음에 인생
> 이 있을 것이며 연애가 사라진다면 인생에 무슨 뜻이 있으리.
>
> 기다무라 도고쿠(北村透谷) ■

연애라는 말은 1890년 일본의 평론가 이와모토 요시하루(岩本善治)가 번역 소설 [골짜기의 백합]을 평하면서 'fallen love with'에 대신하는 말로 처음 사용되었으며, 기다무라 도고쿠가 한 잡지에서 위에 인용한 말을 써 유행시켰다.

우리나라에서는 나혜석이 처음 사용했으며 이광수가 소설에 쓰기 시작하면서 일반화되었다. 시인 조지훈은 그의 [연애미학 서설]에서 연애의 어원을

연애는 사랑의 일종이다. 사랑이란 말은 오늘에 있어서는 연애란 말의 동의어로 쓰이는 것이 보통이지만, 이것은 어느 한 부분이 확대되어 그 전체를 가리워버린 경우와 마찬가지다. 연애란 우리말 어원은 '생각한다.'란 뜻에 있었다. 다시 말하면 사모(思慕)와 사유(思惟)의 두 뜻을 아우른 것이 사랑이다. 사랑은 생각하고 그리워하는 바탕에서 비롯되므로 사랑의 한 가지임에는 틀림없으나 생각하고 그리워하는 것을 전부 연애라고 할 수는 없다.

고 밝히고 있다. 따라서 사랑과 연애란 그 뜻이 얼마간의 차이가 있다. 남녀의 이성 교제에 한해 연애라는 말을 적용시킬 수 있는 것이다. 어떤 의미에서든 연애가 우리 인생의 비밀을 푸는 열쇠가 된다는 사실에는 공감하지 않을 수 없다.

지혜보다
밝은 눈이
어디있으랴

참된 영속적 연애는 존경이 없으면 성립되지 않는다.

피히테 ∎

피히테는 가정교사를 하며 공부를 했고, 그 시절 칸트의 저작을 읽고 심취해 칸트 철학의 계승자가 되었다. 베를린 대학의 창립과 동시에 교수, 초대 총장이 되기도 했다. 나폴레옹 1세에 패한 독일의 민족적 독립과 문화의 재건을 역설한 [독일 국민에게 고함]은 그를 유명하게 만들었다.

그가 남긴 이 말은 그의 죽음의 원인이 된 티푸스에 감염된 것과 관련해 보면 감동을 준다. 피히테의 아내는 독일 해방 중 종군 간호사로서 싸움터에 나갔다가 악성발진 티푸스에 감염되어 죽었다. 그리고 피히테도 그 후 얼마 되지 않아 악성발진 티푸스로 죽게 되는데, 그것은 피히테가 아내와 나눈 마지막 키스에 의해 감염되었기 때문이라고 한다.

이 사실을 보면 피히테는 아내를 참으로 존경하는 인물이었다고 할 수 있는 것이다. 흔히 연애와 결혼은 다르다고 하지만, 결혼 이 후에도 부부가 서로 존경할 수 있다면 신선한 연애 감정을 지속시킬 수 있는 것이다. 그런 의미에서 오래도록 신선한 연애 감정을 유지하기 위해서는 서로 존경할 수 있도록 하는 것이 중요하다.

인간의 삶에서 누군가를 존경할 수 있다는 것은 행복한 일이다. 끊임없이 존경받기도 어렵지만 누구를 끊임없이 존경한다는 것도 참으로 어려운 일이다.

따라서 존경하려는 마음을 가지고 있어야 하며 그런 노력을 기울어야 한다. 연애 중에는 결점이 잘 보이지 않는다. 그러나 결혼하면 쉽게 결점을 드러내 버리는 경향이 짙기 때문에 결혼해서 오래 존경하기는 쉽지 않다.

연애는 미래를 바라는 것이지, 현재의 순간만을 바라는 것은 아니다.

E. 케이

연애가 미래를 바라는 것이라는 말은, 단순히 한 가지의 실재만을 바라는 것이 아니라는 뜻이다. 이를테면 곧 아기를 낳기 위해서 결합하기를 바라는 것이 아니고 두 사람의 인간이 상호간을 통하여 보다 더 위대하고 새로운 생명을 길러내기 위하여 결합하기를 바라는 것이다.

김광주는 그의 [석방인]에서

인간 생활에 열병을 가져오고 타락과 절망과 퇴폐와 비관을 가져오기 쉽다는 연애라는 위대한 인간의 본능에 오직 하나 숭고한 일면이 있다면 그것은 인간이 보다 더 위대하고 보다 더 올바르고 더 새로운 성장을 꾀하고 살아가는 과정에 있어서 그것을 위한 한 개의 희망이 되고 한 개의 탈피가 되고 한 개의 원동력이 되는 지성을 갖출 수 있을 때 뿐일 것이다.

라고 하고 있다.

이는 연애가 미래와 지성과 결합되어야 한다는 사실을 강조하고 있다. 격렬한 감정이 현재에 충실하고 지성과 결합되지 않은 연애는 타락할 수밖에 없게 된다. 그래서 독일 철학자 피히테는,

참다운 연애는 품성 위에 머무른다.

고 강조하고 있다.

지혜보다 밝은 눈이 어디있으랴

우정은 육체를 떠난 심혼(心魂)만의 결혼이다.

꽃

'우정은 심혼의 결혼이다.' 라는 말만큼 우정의 강함을 드러내는 말은 흔치 않다. 이 말의 뜻을 이해하는 자료로 동양에서 우정의 강함을 나타내는 말로 관포지교(管鮑之交)를 살펴본다.

관중(管中)과 포숙아(鮑叔牙)는 춘추시대 제나라 사람들이다. 그들은 각각 공자(公子) 규(糾)와 공자(公子) 소백(小白) 밑에서 벼슬을 하고 있었는데, 공자의 왕권 다툼으로 인해 본의 아니게 정적이 되어 관중은 포숙아가 모시는 공자 소백(小白)을 죽이려 한 적도 있었다. 그러다가 반대로 소백이 승리하게 되어 제환공(齊桓公)이 되자, 관중은 포박되어 죽임을 당하게 되었다. 이 때, 포숙아는 관중과의 우정과 그의 재능을 아껴 환공에게 간청하여 오히려 벼슬을 주어 대부로 중용했다. 후에 관중은 술회하기를,

"내가 젊어서 가난하였을 때, 포숙아와 장사한 일이 있었다. 이득은 항상 내가 더 차지하였으나 그는 나를 욕심쟁이라 하지 않았다. 내가 어렵다는 걸 알기 때문이었다. 또 그를 위해 한 일이 실패하여 그를 더욱 궁지에 빠뜨렸던 일이 있었으나 나를 어리석은 놈이라 여기지 않았다. 일이란 적중되지 않을 때도 있음을 알기 때문이었다. 전쟁시엔 몇 번이고 패하여 도망친 일이 있었으나 비겁하다고 하지 않았다. 내게 노모가 계시다는 걸 알고 있기 때문이었다. 결국 나를 낳아주신 분은 부모이지만 나를 알아주는 사람은 포숙아다".

라고 말했다.

제12장 _ 걸 위의 잔

99
우정

친구란 온 세상이 다 내 곁을 떠났을 때 나를 찾아오는 사람이다. ▌

영국에 있는 한 출판사가 상금을 내걸고 〈친구〉라는 말의 정의(定義)를 독자들에게 공모했는데, 그 중 1등을 차지한 것이다.

응모한 많은 정의 중에는 1등 정의 이 외에도 다음과 같은 정의들이 입상되었다.

"기쁨은 곱해 주고 고통을 나눠 갖는 사람"

"나의 침묵을 이해하는 사람"

"많은 동정이 쌓여 옷을 입고 있는 것"

"언제나 정확한 시간을 가리키고 절대로 멈추지 않는 시계"

이런 정의들은 모두 친구의 소중함을 나타낸 것들이다. 세네카가 "우정은 언제나 유익하지만 사랑은 어쩌다 해로울 때도 있다."고 [루킬리우스에게 보낸 편지]에 썼듯이 사랑보다 더 큰 위력을 갖는 것이다.

바이런의 〈그리운 메리안에게〉라는 시에서도

"수많은 연인의 정을 모아도
내 가슴에 타는 우정의 불에는 미치지 못한다.
항상 이 가슴에 꺼지는 일 없이
내 혈맥은 따뜻한 때에 물결친다"

고 노래하고 있다.

이렇게 소중한 우정은 그냥 쌓여지는 것은 아니다. 서로에게 관한 끝없는 신뢰와 이해 속에서만 가능해지는 것이다. 이런 우정을 쌓기 위해서 내가 할 일은 무엇인가를 많이 생각해야 한다. 나는 친구를 어떻게 정의할 것인가.

지혜보다
밝은 눈이
어디있으랴

우정은 성장이 느린 식물이다. 그것이 우정이라는 이름이라고 할
가치가 있기 전에 몇 번의 곤란한 타격을 견디지 않으면 안 된다.

G. 워싱톤 ■

우정을 식물에 비유한 이 말은 우정이라는 말의 가치가 실현되기 위해
서는 식물을 키우는 정성을 바쳐야 한다는 뜻이다.

농부가 농사짓는 과정을 한 번 생각해보자. 이른 봄에 씨앗을 뿌리고,
씨앗이 싹트면 잘 자랄 수 있도록 물도 주어야 하고, 그 식물에 달려드는
병과 벌레로부터도 보호해 주어야 한다.

그리고 그 식물의 성장을 방해하는 부근의 잡초도 뽑아주어야 하고, 큰
바람이 불어 쓰러지면 곧 다시 일으켜 세워 넘어지지 않도록 해야 한다.
여름 내내 이런 작업을 계속하여야 식물은 꽃을 피우고 열매의 속살을 채
운다.

우정도 바로 이런 과정을 겪어야 참다운 우정이 되는 것이다. 만나자마
자 백년지기가 되는 것처럼 금방 친해지는 경우도 없지는 않다. 이런 경
우 두 사람 사이에 곤란한 문제가 생기지 않으면 지속될 수 있지만, 곤란
한 문제가 생기면 지탱하지 못하고 곧 무너진다. 그것은 그 우정을 아물
게 하는 노력이 생략되었기 때문이다.

따라서 우정을 가꾸고 긴밀한 인간관계를 유지하자면 식물을 키우는
듯한 정성을 기울여야 한다. 우정의 꽃과 열매를 서로가 진심으로 아껴주
는 것에서 피고 열매 맺는다. 그리고 그것은 많은 시간을 필요로 한다. 그
런 과정이 생략되면 단단한 우정이 생기기 어렵다.

친한 사람과는 친교를 잃지 말며 오랜 친구와는 우의를 잃지 말라.

예기(禮記) ■

친한 사람이 예(禮)를 몰라 다소의 결점이 있더라도 갑자기 친했던 정을 끊어 버릴 수 없고, 오랜 친구 사이는 비록 비례(非禮)한 일이 있어도 그 친구와 갑자기 의(義)를 저버려서는 안 된다는 교훈이다. 다음 이야기를 보자.

공자의 오랜 친구 중에 원양(原壤)이란 사람이 있었다. 원양의 어머니가 돌아가시니 공자는 그를 도와 관곽(棺槨 : 속 널과 겉 널)을 다스렸다. 원양은 상(喪) 중이면서도 나무에 올라가서 노래를 불렀다. 그러나 공자는 못들은 척 하고 그 자리를 지나쳐 버렸다. 공자를 수행하던 사람이 그 이유를 묻자 오랜 친구와는 우의를 져버려서는 안 된다고 말했다. 그러나 원양이 여전히 비례(非禮)를 고치지 않으므로 훗날 지팡이로 원양을 때려주었다고 한다.

공자의 경우 비례한 친구를 꾸짖지 않았다. 그것은 친구의 잘못을 박절하게 탓할 수 없었기 때문이다. 친구를 박절하게 대한다면 반드시 친구는 오해를 하여 절교를 할 것이고, 박절한 말 한마디로 오랜 친구를 잃어버리는 결과를 가져오게 된다. 그러므로 공자께서 원양의 잘못을 알고 있지만 그냥 지나쳐 버린 것이다.

친구를 잘 얻으면 천하를 얻는 것과 같다고 했다. 우리는 친구간의 우정을 늘 강조하면서도 진실로 우정의 진면목을 살피지 못한다. 말 한마디 잘못하여 오랫동안 두터운 교분을 지녀왔던 친구간의 정이 무참히 깨어지고 만다. 우정을 깨고 만 그 말들은 서로에게 영원한 상처가 되어 남을 수밖에 없다.

지혜보다 밝은 눈이 어디있으랴

어떠한 사람의 권세도 우정의 권리를 침범할 권한을 갖지 못한
다.

P. N. 오비디우스 ∎

우정은 강한 것이다. 권력으로는 도저히 그 우정의 권리를 침범하지 못
하는 것이다. 그런 실례를 하나 보자.

리처드 미드는 조지 2세의 시의(侍醫)였다. 그의 친구가 정치범으로 체
포된 일이 있었다. 몇 달 동안 그의 친구는 불법으로 감옥 생활을 하였다.
때마침 수상 월폴이 병석에 누워 미드를 불렀다. 그러나 미드는 자기 친
구가 석방될 때까지 수상을 치료하지 않겠다고 거부했다. 수상의 병이 더
해져서 생명이 위독하게 되었으나 끝내 그는 치료할 것을 거부했다. 그러
다가 친구가 석방되어 집에 돌아왔다는 사실을 확인한 후에야 수상의 치
료에 나섰고 생명을 구해 주었다.

이 이야기 속에 나오는 월폴 수상은 1915년부터 1917년까지 수상 겸 재
무상을 지내다가 국왕과 정견(政見)이 맞지 않아 사임하였다가, 1921년부
터 41년까지 수상 겸 재무상을 지낸 사람이다.
20년에 걸쳐 수상 직에 있으면서 시종 평화정책을 고수했던 사람이며
영국 헌정사상 근대 책임정치를 창시하였으며, 근대적인 의미에서 수상
의 시조였다.
리처드 미드가 왕의 시의로 있으면서 친구를 위하여 수상의 병을 치료
하는 것까지 거부한 것은 믿기지 않을 정도다.
그러나 우정은 이렇게 강한 것이다. 목숨을 걸고 우정을 지켰다.
우정은 그럴 가치가 있는 것이다.

우정에 있어서는 다음과 같은 규칙을 반드시 지켜야 한다. 즉 파렴치한 일을 요구하지 않으며, 요구 당했을 경우에도 하지 않아야 한다.

M. T. 키케로 ■

'우리 삶에 있어 없어서는 안 될 우정을 바르게 가꾸기 위해서는 어떻게 해야 하는가?' 하는 것에 대해 말해주고 있다. 친구의 부탁이라고 해서 파렴치한 요구까지 들어준다면 그것은 결국 우정을 쌓는 것이 아니고 친구를 멸망으로 끌고 가는 것이 된다. 파렴치한 요구를 하는 것도 마찬가지다.

소중한 우정을 가꾸기 위해서는 참으로 고려해야 할 사항들이 많다. 조선시대 실학자이며 소설가이기도 했던 연암 박지원도 그의 [마장전]에서,

벗 사귐엔 서로 그 마음을 알아주는 것보다 고귀한 것은 없고, 기쁨엔 서로 그 마음을 감동시키는 것보다 더 지극한 것이 없다.

는 말을 했다. 그 외에도 우정을 잘 가꾸어야 한다는 명언에는 다음과 같은 것들이 있다.

어떤 목적을 위해서 시작된 우정은 그 목적이 이루어졌을 때, 끝난다.
-칼스-

지나치게 호의를 베푸는 자를 경계하라. 모든 일에 악의를 품는 자를 경계하라. 그리고 모든 일에 냉담한 사람을 경계하라.
-프랑스 속담-

• 지혜보다
밝은 눈이
어디있으랴

책은 꿈꾸는 걸 가르쳐 주는 진짜 선생이다.

G. 바슐라르 [몽상과 우주]에서 ■

책에 관한 명언들 중에서 아름답게 표현된 것 중의 하나다. '꿈꾸는 걸 가르쳐 주는 진짜 선생'이란 표현은 생각할수록 아름답기도 하거니와 책을 아주 적절하게 표현하고 있다.

'꿈'이란 무엇인가? 위와 같은 용례로 쓰이는 꿈이란 사전적으로 풀어서 '실현시키고 싶은 바람이나 이상(理想)'이다. 따라서 책은 실현시키고 싶은 바람이나 이상의 길을 가르쳐 주는 선생이라는 것이다.

인간의 꿈은 인류 발전의 원동력이다. 꿈이 없는 인간의 삶이란 생각할 여지도 없는 것이다. 꿈과 인간의 관계에 대하여 프랑스의 시인 폴 발레리는 그의 [유럽 정신의 위기]라는 책에서 다음과 같이 쓰고 있다.

인간은 꿈에 의해서 — 즉, 그 꿈의 짙은 농도, 상관관계, 다양함에 의해서, 또는 인간의 본성과 자연 환경마저도 변경시키려는 꿈의 놀라운 효과에 의해서 다른 모든 것과 대립 관계를 갖고, 다른 것보다 우위에 서 있는 야릇한 생물, 고립된 동물이다. 그리고 지칠 줄 모르고 그 꿈을 좇는 존재이다.

이 말을 읽으면 인간의 삶에서 꿈이 가지는 위력을 느낄 수 있다. 따라서 꿈을 꾸는 방법을 가르쳐주는 선생이 책이라고 했으니 책은 인류에게 얼마나 소중한 것인가? 주저할 것 없이 꿈꾸는 방법을 배울 일이다.

책은 살아있는 선(善)이다.

김광섭 [병을 미워하지 않는]에서 ■

책이 가진 미덕을 다 열거하기는 결코 쉽지 않다. 책이 가진 미덕이 너무나 많기 때문이다. 따라서 책을 예찬하는 명언들은 무수히 많다. 위에 인용한 말은 책의 예찬 중에서 매우 간단하지만 격조 높은 것이라고 할 수 있다. 선(善)이란 것은 단 한 자의 말로 표현되지만 그 뜻이 매우 넓기 때문이다. 즉 ①착하다, 좋다, 좋은 점, 좋은 사람. ②친하다, 사이가 좋다. ③길하다, 행복되다, 상서롭다. ④옳게 하다, 바르게 하다. ⑤잘하다, 훌륭하다 등의 의미를 갖는다.

책이 가진 장점을 비교적 소상하게 밝히고 있는 것으로는 유진오의 [독서법]에 있는 다음과 같은 말이다.

책! 그 속에는 인류가 수천 년 동안을 두고 쌓아온 사색과 체험과 연구와 관찰의 기록이 백화점 점두와 같이 전시되어 있다. 이 이상의 성관(盛觀), 이 이상의 보고(寶庫), 이 이상의 교사가 어디 있겠는가? 책만 펴놓으면 우리는 수천 년 전의 대천재와도 흉금을 터놓고 마음대로 토론할 수 있으며, 육해 수만리를 격한 곳에 있는 대학자의 학설도 여비도 학비도 들일 것 없이 집에 앉은 채로 자유로 듣고 배울 수 있다.

책에 대한 예찬은 사실상 책이 살아있는 선(善)이라는 한 마디 말로도 충분하다. 이 선을 우리가 어떻게 받아들이느냐, 즉 책을 어떻게 읽을 것인가가 문제일 뿐이다.

•지혜보다
밝은 눈이
어디있으랴

책은 소년의 음식이 되고, 노년을 즐겁게 하며, 번영과 장식과 위난의 도피소가 되며, 그리고 이것을 위로하고, 집에 있어서는 쾌락의 종자가 되며, 밖에 있어서도 방해물이 되지 않고, 여행할 적에는 약간의 반려가 되는 것이다.

M. T. 키케로 ∎

책이 우리 삶의 전반에 어떻게 영향을 미치고 있는가 하는 것을 잘 나타내주고 있다. 책이 소년의 음식이 된다는 것은 육체가 자라기 위해서는 음식을 통한 영양분이 공급되어야 하고, 정신이 성숙하기 위해서는 책을 통한 인류의 지혜가 공급되어야 하기 때문이다. 따라서 젊은 시절에 좋은 책을 많이 읽어야 한다는 것은 그 지혜를 우리 삶에 오래 반영해야 하기 때문이다.

노인에게 즐거움이 된다는 것은 책을 통하여 자기 경험을 비추어 볼 수 있고, 삶의 이런 경험들이 책의 내용을 더욱 깊이 있게 이해할 수 있게 해주기 때문이라고 보면 될 것이다. 그의 집이나 집 밖, 또 여행 등에서도 삶을 풍요롭게 해주지만 어려운 때에 도피처가 된다는 것에도 유념할 필요가 있다.

누구라도 삶에는 어려움을 당할 경우가 많다. 그럴 때 그 문제를 해결하는 방안으로 책을 읽는다는 것은 매우 좋은 방법이 될 수 있다. 자기 고민과 같은 부류를 다른 사람은 어떻게 해결했는가를 책을 통해서 알 수 있기 때문이다. 인류의 역사는 인간의 어떤 고민이라도 해결할 수 있는 지혜를 쌓았다고 생각한다. 이 말은 어떤 분야의 어려움이라도 책에서 그 길을 찾을 수 있다는 것이다. 책을 가까이 하고 사는 사람은 반드시 지혜롭다. 그 지혜는 분명히 삶을 보람 있게 한다.

지금까지 세계 전체는 책의 지배를 받아왔다.

볼테르 ■ |

세계가 책의 지배를 받아왔다는 말을 뒤집으면 책이 세계를 지배해왔다는 말이 된다. 창세기 이래 인간의 모든 활동 분야에서 책의 지배를 받아온 것이 사실이다.

모든 문화와 모든 율법, 또는 사상이 문자로 기록되고, 후대에 전해지면서 그 시대에 맞게 변형되고 또 점차 개선되어 나갈 수 있었던 것이다.

책이 백성의 힘을 길러낸다고 서책(書冊)을 모조리 불더미에 집어넣은 진시황 때에도 백성의 의식은 책에 의해서 지배될 수 밖에 없었던 것이다. 이와 같은 의미로 전해지는 책에 대한 명언은 다음과 같은 것들도 있다.

연소(燃燒)된 어떠한 책도 세계를 계발(啓發)한다.　　　-R. W. 에머슨-

책은 대천재가 인류에게 남기는 유산이다.　　　　　　-J. 에디슨-

모든 책은 가끔 문명을 승리로 전진시키는 수단이 된다.
　　　　　　　　　　　　　　　　　　　　　　　　-W. L. S. 처칠-

책은 세계의 보배이며, 세대와 국민들이 상속받기 알맞은 재산이다.
　　　　　　　　　　　　　　　　　　　　　　　　-H. D. 소로-

오래 된 책은 이 세상이 젊었을 때의 이야기이다. 새로운 책은 나이 든 세계의 열매들이다.
　　　　　　　　　　　　　　　　　　　　　　　　O. W. 홈스-

좋은 책은 항상 어디서든지 우리에게 무엇인가 제공하면서 그러나 자신은 어떠한 것도 우리로부터 요구하지는 않으며, 우리가 듣고 싶어할 때 말해주고, 피로를 느낄 때 침묵을 지키며 몇 달이나 우리가 오기를 참을성 있게 기다리며, 설사 우리가 하다 못해서 다시 그것을 손에 들지라도 결코 감정을 상하는 일을 하지 않고, 최초의 그 말과 같이 친밀히 말해 준다.

P. 에른스트 ■

좋은 책이 어떤 책인가를 한 마디로 규정하기는 어렵다. 개인적인 가치 판단에 따라 다를 가능성이 높기 때문이다. 위에서 인용한 것과 같이 좋은 책은 어떤 것일까? 이에 대한 선인들의 견해를 살펴봄으로써 그 개념을 정립하도록 하자.

훌륭한 책은 저자의 머리와 심장에서 나온 것이다. 저자는 각 페이지마다 저자 자신을 불어넣었다. 각 페이지는 저자와 생명을 같이 하고 저자의 개성이 넘친다.

-W. H. 허드슨-

유익한 것을 하나도 찾을 수 없을 만큼 나쁜 책은 없다.

-대(大)플리니우스-

나는 고서를 소중히 한다. 그것은 무엇인가 가르쳐 주기 때문이다.

-볼테르-

책은 유용하게 쓰였을 때, 가장 좋은 것이고 악용되었을 때는 최악의 것에 속한다.

-R. W. 에머슨-

좋은 책을 읽는다는 것은 과거의 가장 훌륭한 사람들과 대화하는
것이다.

데카르트 ■

　책을 읽는다는 것은 지금 살고 있는 사람들 보다는 먼저 산 사람들의
삶과 만나는 일이 더 많다. 물론 당대를 함께 사는 사람들의 책일 수도 있
지만, 대부분의 고전은 당대에 사는 사람들이 아니기 때문에 이 말은 긍
정될 수 있다. 같은 시대를 살지 않은 다른 세대의 사람들을 만날 수 있는
방법은 독서의 길 뿐이라고 해도 과언이 아니다. 문화와 여가는 이 시대
를 사는 사람들이 당장 만들어내는 것이 아니라 오랜 시간 동안 쌓인 옛
사람들의 경험과 지식과 감정이 밑받침 된 것이기 때문이다. 그래서 우리
는 인류가 쌓아온 이 경험의 축적인 문화와 역사를 알기 위해서 책을 읽
지 않으면 안 되는 것이다.
　이처럼 독서는 과거와의 대화로 비유되기도 하거니와 곧잘 친구로도
비유된다. 그것은 책이 친구처럼 우리 삶에서 없어서는 안 될 존재이기
때문이다.

　책과 친구는 수가 적고 좋아야 한다.　　　　　　　-스페인 격언-

　친구를 선택하듯이 작가를 선택하라.　　　　　　　　-W. 딜런-

　책은 절대로 배반하지 않는 친구다.　　　　　　　　　-데발로-

라는 명언들은 책과 친구를 비유한 것의 대표적인 것들이다. 좋은 친구를
가져야 인생이 풍요롭고, 또한 좋은 책을 읽어야 인생을 보람 있게 살 수
있다.

지혜보다
밝은 눈이
어디있으랴

책은 풍경화처럼 독자에 따라 변하는 의식의 상태다.

E. 딤네 [사자(思者)의 기술]에서 ■

하늘에 떠 있는 달을 보고도 사람마다 또 같은 사람이라고 할지라도 그 때의 기분이나 상황에 따라, 그 시각에 따라 느껴지는 모습이 다르다. 그 것은 생각과 감정의 무한한 변화를 사람이 갈피를 잡고 헤아려서 작정하 기 어렵기 때문이다.

이와 같이 책도 어떠한 독자에게 읽혀지느냐에 따라 의미와 상상의 폭 이 달라지는 것은 당연한 이치라고 할 수 있다. 즉 내용이 방대하고 심오 한 책일수록 읽은 사람에 따라 다르게 읽혀지고, 받아들여지는 깊이도 다 르다. 그렇기 때문에 움직이며 변하는 풍경화가 된다.

따라서 이 명언을 통해 우리는 책을 어떻게 읽어야 하는가? 하는 의문 을 갖게 된다. 책을 어떻게 읽어야 하는가에 관해서 영국의 철학자 프랜 시스 베이컨은 다음과 같은 말들을 남기고 있다.

어떤 책은 군데군데 힘주어 읽어야 하고, 어떤 책은 읽어도 자세히 읽 을 필요가 없다. 몇몇 어떤 책만 잘 주의하여 자세히 전부를 읽으면 된다. 어떤 책은 대리를 시켜 읽어도 좋으며, 또는 다른 사람이 해 놓은 발췌로 써도 족한 것이다.

어떤 책은 음미하고, 어떤 책은 마셔 버려라. 씹고, 그리고 소화시켜야 할 것은 다만 몇 권의 책 뿐이다.

책을 읽는 방법을 이 명언들에서 암시 받을 수 있다.

아무리 유익한 책이라 할지라도 그 가치의 절반은 독자가 창조한
다.

볼테르 ■

 책을 어떻게 읽고 소화하느냐는 독서와 관련된 모든 것이라고 해도 지
나치지 않다. 책을 읽는 것이 궁극적으로는 읽는 사람에게 어떤 깨달음을
주거나, 즐거움을 주거나, 감동을 주기 때문이다. 이런 것들을 책을 읽는
효용이라고 할 때, 이 효용은 독자에 의해서 확대 재생산될 수 있다.
 책의 가치가 절반은 독자에 의해 창조된다고 하는 것은 독자의 중요성
을 강조하는 뜻이기도 하지만 책을 바르게 읽어야 한다는 사실을 강조하
는 말이기도 하다.
 생각이 트이고, 의식이 깨어있는 사람에게 읽히는 책은 그 독자로부터
새롭게 평가받을 수 있고, 문자로 표현되지 않은 부분까지 상상력이 확
대되어 그 가치가 확대할 수 있기 때문이다.
 책을 쓰는 사람의 입장에서는 훌륭한 독자가 많을 것을 기대한다. 그래
야 그 책이 알려질 수 있고 저자의 사상이 보편성을 획득할 수 있기 때문
이다. 그러나 그렇지 않은 경우도 없지 않다. 어떤 시인은 자기의 시가 천
사람에게 한 번씩 읽히기 보다는 한 사람이 천 번 읽는 시를 쓰고 싶다고
하기도 하다.
 독자의 입장에서도 깨어있는 의식으로 책을 읽고 그 책의 가치를 확대
할 수 있다면 참으로 큰 보람이다. 보람을 얻을 수 있는 독서라야 진정한
독서의 의미를 살릴 수 있다. 책을 어떻게 읽어야 할 것인가 하는 생각에
골몰하지 않으면 안 될 것이다.

무릇 책을 읽음에는 반드시 한 가지 책을 익숙하게 읽어서 그 뜻을 다 알아 완전히 통달하고 의심이 없게 된 다음에야 다른 책을 바꿔 읽을 것이요, 많은 책을 읽기를 탐하고 얻기를 힘써서 이것저것 읽지 말아야 한다.
(凡讀書는 必熟讀一冊하여 盡曉義取하고 貫通無疑然後에 乃改讀他書요 不可貪多務得하여 忙迫涉獵也라.)

격몽요결 독서장(擊蒙要訣 讀書章) ■

책을 가까이 대한다는 것은 아름다운 일일 뿐만 아니라 실제로 좋은 일임에 틀림없다. 그러나 책을 장식처럼 보는 경우 또는 마음에 드는 책을 구해 놓은 뒤에 시간이 나면 책을 잡고 한두 번 책장을 넘기는 일이 허다하다.

책 읽기의 방법을 말한 이 대목은 허영에 눈 먼 장식가들에게는 경계의 말이 될 것이다. 책은 생활의 한 부분이 되어야 한다. 책 속에서 찾게 되는 간접 경험으로 삶의 진면목을 더 명확하게 살펴 볼 수 있다. 그러나 한 권의 책을 읽는 데 한 달 아니 일 년이 걸린다면 이 또한 문제가 아닐 수 없다. 책 읽기는 인내심을 요구한다. 처음에는 책 읽기가 고달프지만 어느 정도 숙달이 되면 조금 어려운 책이라도 쉽게 대할 수 있다. 한 권의 책을 독파한 뒤 그 책에 남아 있는 이념이나 철학을 독자의 입장에서 이해하고 판단하며 재구성할 필요가 있다. 그러기 위해서는 많은 독서량이 요구된다.

그렇다고 해서 독서량을 앞세워 이 책 저 책을 산만하게 읽어나간다면 앞 뒤의 내용을 이해하지 못할 뿐만 아니라 다 읽고서도 무엇을 읽었는지 전혀 알 수가 없는 공백 상태가 생긴다. 어려운 책을 쉽게 접할 수는 없겠지만, 요컨대 쉬운 책이라 하여 건성으로 읽어 넘어간다는 것도 경계해야 할 것이다.

천천히 읽는 법을 배워라. 모든 다른 장점들이 적당한 곳에서 따라올 것이다.

H. 워크 [독서의 기술]에서 ■

속성(速成)을 추구하는 시대다. 따라서 빠르다는 것은 무조건 가치 있는 것이라는 생각이 지배적이다. 책 읽기도 속독법이 개발되어 있지만 책 읽기까지 빠른 것이 가장 가치 있는 것인가 하는 문제는 깊이 생각해 볼 필요가 있다. 책 읽기는 한 자 한 자의 단어에서, 한 문장 한 문장의 문맥에서 완전하게 내 것으로 소화시킨 지식이라야 속성주의 시대에 실패하지 않는 방법이 될 수 있을 것이다. 에밀 파게(1849~1919)도 이와 비슷한 명언을 남겼다.

읽는 것을 배우기 위해서는 우선 매우 천천히 읽지 않으면 안 된다. 책은 그 내용을 체득하기 위해서 배울 때나 비평할 때와 마찬가지로 천천히 읽지 않으면 안 된다.

그리고 C. 플리니우스 [서한집]에 있는 다음의 말도 책을 천천히 읽으라는 뜻으로 해석할 수 있을 것이다.

많이 읽어라. 그러나 많은 책을 읽지는 말라.

이 말의 뜻도 천천히 읽어야 한다는 뜻이다. 따라서 책을 많이 읽었다는 사실보다 어느 책을 어느 만큼의 깊이로 이해하였는가가 훨씬 소중하다는 사실을 깨달을 필요가 있다. 천천히 깊이 읽어야 한다.

지혜보다
밝은 눈이
어디있으랴

생활이 인생의 산문이라면, 여행은 분명히 인생의 시다.

안병욱 [사색인(思索人)의 노트]에서 ■

생활과 여행을 산문과 시로 비유한 것은 탁월한 생각이라고 하지 않을 수 없다. 산문은 구체적이고 시는 다소 관념적이라고 할 수 있기 때문이다. 그리고 산문이 이성적인데 반해 시는 감정적이라고 하는 것이 옳기 때문이다. 이와 같은 비유의 앞 문장에서 안병욱은 다음과 같은 글을 쓰고 있다.

여정(旅情)은 연정(戀情)과 비슷하다. 그날 그날의 생활을 인생의 사업이라고 한다면 여행은 인생의 즐거운 예술이다. 아름다운 것이다. 아름다운 것에도 취하는 것이요, 아름다움에도 취하여 생의 희열을 느끼는 것이다.

라고 썼다. 그리고 위에 인용한 말을 쓰고,

여행의 진미는 인생의 무거운 의미에서 잠시 해방되는 자유의 기쁨에 있다. 여행은 우선 떠나고 보아야 한다. 행운유수(行雲流水)가 곧 여행의 정신이다.

라는 설명을 보태고 있다. 이 일련의 글에서, 생활을 인생의 사업, 인생의 산문으로 비유하고, 여행을 인생의 즐거운 예술, 시로 비유한 것에서 알 수 있듯이 여행은 분명히 우리 인생을 풍요롭게 한다. 새롭게 보이는 것을 통해서 새롭게 생각할 수 있고, 그 새로운 생각으로부터 새로운 삶의 방향을 모색할 수 있기 때문이다. 여행, 우선 떠나고 보아야 한다.

여행의 진수는 자유에 있다. 마음대로 생각하고 느끼고 행동할 수 있는 완전한 자유에 있다. 우리가 여행하는 주된 이유는 모든 장애와 불편에서 풀려나기 위해서다. 자신을 뒤에 남겨 두고 딴 사람들을 떼어 버리기 위해서이다.

W. 헤즐릿 [여행길]에서 ■

여행의 진정한 목적인 자유를 구가하기 위해서는 어떻게 해야 하는가? 우리들의 여행 광경을 보면 정말 자연을 즐기고, 그 속에서 무엇인가를 얻으려 하는 것이 아니고 사진 촬영 대회나 하는 것 같은 느낌을 받기도 한다. 이런 여행 문화에서 벗어나야 한다. 여행에서 우리가 무엇을 얻어야 하고 어떻게 여행해야 되는가 하는 것에 대한 답을 다음의 명언에서 찾도록 하자.

도보 여행은 홀로 가야 한다. 자유가 이 여행의 진수이기 때문이다. 멈추고 싶을 때 멈추고, 가고 싶을 때 가고, 마음 내키는 대로 이 길 저 길로 갈 수 있고, 제 속도를 지켜야지 경보 선수를 따라가도 안 되고, 소녀와 발맞추느라 잔걸음으로 걸어서도 안 되기 때문이다. 그리고 마음의 문을 활짝 열어서 밖으로부터의 인상을 모두 받아들여야 하고, 시각에 비친 풍물을 사색으로 윤색해야 한다. 바람이 어느 쪽에서 불어와도 풍금이 되어야 한다.

-R. L. B. 스티븐슨 [도보여행]에서-

여행에서 자유를 누리기 위해 애쓰지 않으면 안 된다. 특히 "시각에 비친 풍물을 사색으로 윤색해야 한다."는 말을 기억해둘 필요가 있다.

여행을 하는 것은 도착하기 위해서가 아니고 여행하기 위해서다.

J. W. 괴테 ■

　여행의 진정한 의미가 무엇인가를 생각하게 해주는 명언이다. 우리가 일반적으로 생각하면 여행은 꼭 목적지가 있게 마련이다. 그러나 여행은 목적지에 도착하기 위해서 하는 것이 아니라 여행하는 그 자체가 목적이라는 것이다.

　이와 같은 여행에 대한 견해는 여러 사람들에 의해 표현되고 있는데, 임어당은 다음과 같이 말했다.

　여행한다는 것은 방랑한다는 뜻이고, 방랑이 아닌 것은 여행이라고 할 수 없다고 생각한다. 여행의 본질은 의무도 없고 일정한 시간도 없고, 소식도 전하지 않고, 호기심 많은 이웃도 없고, 환영회도 없고, 이렇다 할 목적지도 없는 나그네 길인 것이다. 좋은 나그네는 자기가 이제부터 어디로 갈 것인가를 모르는 법이고, 나무랄 데 없이 훌륭한 여행자는 자기가 어디서 왔는지조차도 모르고 있는 사람이라고 할 수 있다. 그는 심지어 자기의 성명이 무엇인지도 모르는 것이다.

　이와 같이 여행은 최대의 자유가 보장되는 것을 최대의 이상으로 하고 있다. 최근 이른바 관광이라는 이름으로 이루어지는 여행은 짜여진 스케줄 때문에 이런 자유가 보장되기 어렵다. 따라서 진정한 여행은 이런 스케줄에 전혀 얽매이지 않고 자유롭기 위해서 혼자서 하는 것이 값진 여행이라고 말할 수 있다.

때때로 그리고 오랫동안 생각에 잠겨보면 볼수록 더욱 새롭고 더욱 감탄과 숭앙심으로 가득 차는 두 가지가 있다. 그것은 내 머리 위에서 반짝이는 하늘의 별과 내 마음 속에 자리 잡고 있는 도덕률이다.

칸트 ■

　도덕에 관한 명언을 들 때 빼놓을 수 없는 말이다. 하늘의 별과 마음속의 도덕률, 이 두 가지에 대한 감탄과 숭앙심이 가득 찬다는 것은 도덕이 우리 삶에서 어떤 역할을 하는가 하는 것을 짐작케 해준다. 칸트 같은 대철학자도 도덕을 삶에서 가장 중요하게 생각하였다는 사실을 알 수 있다.
　독일의 작곡가 베토벤도 이와 유사한 말을 남겼다.

　나 자신을 가난 속에서도 받쳐 준 것은 도의심이며, 자살로 생명을 끊어 버리지 않은 것은 나의 예술 때문일 뿐 아니라 도의심 때문이었다.

라고 말하기도 했다. 오늘날 전 인류가 숭앙해 마지않는 이 대(大) 예술가의 삶도 결국은 도덕과 음악에 의해 지탱되어 왔다는 사실을 알 수 있다. 칸트에게도, 베토벤에게도 도덕은 삶의 중심이었다.

　우리나라의 소설가 박종화도 [금삼(錦衫)의 피]에서 도덕에 대해 다음과 같이 피력하고 있다.

　이 도덕, 이 예절 때문에 사람은 한 집을 안정시킬 수 있고, 사회를 유지해나갈 수 있고, 한 나라가 나라 노릇을 할 수 있고, 한 겨레가 빛을 발할 수 있다.

도덕은 그것이 견디기 힘들 때 더 희열을 준다.

루카누스 ■

　도덕이란 인륜의 대도로, 인간으로서 마땅히 지켜야 할 도리 및 그에 준한 행위를 말한다. 따라서 도덕적인 삶을 영위한다는 것은 결코 쉬운 일이 아니다. 도덕적인 삶은 많은 자제를 요구하기 때문이다. 그래서 도덕적 훈련은 꾸준히 해야 한다.
　[세계예화집]의 이야기 하나를 옮겨본다.

　모든 사람은 도덕적으로 훌륭한 상태를 유지하기 위해서 귀찮은 일일지라도 매일 한 가지씩 해야 한다. 도덕적 '근육'은 계속해서 사용하고 운동함으로써 자라난다. 매일 다가오는 갖가지 유혹들도 이 '근육'을 사용하여 물리칠 수 있고, 또 더욱 강하게 될 수도 있다. 이는 희랍 신화에 나오는 젊은이의 이야기와 같다. 한 젊은이가 들에 나갈 때면 언제나 송아지를 안고 갔다. 그러기를 매일 계속하였다. 그러는 동안 송아지가 자라고 무게도 늘어났지만 젊은이는 이를 의식하지 못하였다. 어제 들었던 송아지 오늘 못 들겠는가. 마침내 송아지는 큰 소가 되었지만 젊은이는 역시 그 소를 들어 올릴 수 있었다.

　위의 예화에서처럼 도덕성을 갖기 위해서는 끊임없이 노력해야 한다. 이 과정이 인간의 길을 가는 바른 방법이다. 위에 인용한 명언에서 짐작되듯이 견디기 힘들 때 더 희열을 준다는 말은 도덕적인 삶이 그만큼 어렵다는 뜻을 갖고 있기도 하고, 그 어려움을 견뎌냈을 때 큰 희열을 준다는 것이다. 성인이라고 불리는 사람들은 대개 견디기 힘든 도덕적 생활을 해 온 사람들이다.

법은 윤리의 최저한이다.

옐리넥 ■

옐리넥은 신(新)칸트 학파의 영향을 받아 선구자의 법률적 방법에다가 사회학적 고찰을 가하여 국법학의 기초를 마련한 사람이다. 그가 남긴 이 말은 법이 윤리의 최저선이기 때문에 지키지 않으면 안 된다는 뜻을 포함하는 것으로 해석하여야 할 것이다.

윤리란 사람이 지켜야 할 도리다. 이 도리를 지키지 않는 것을 법이 규제하는 것이니 마땅히 지켜야 옳은 것이다. 현대와 같이 인간의 삶이 복잡 다단해지면서 법률 제정의 필요는 더욱 많아지고 있다. 인구가 증가하고 삶이 다양해지고, 물질 숭상 주의가 짙어지면서 범법 행위자가 더욱 많아지기 때문이다. 법은 벌을 주기 위해 존재하는 것이 아니라 죄지음을 예방하기 위해서 있는 것이다.

극단적으로 말해서 법이 없는 사회가 가장 이상적일 것이다. 그러나 그것은 정말 이상일 뿐 현대 사회에서는 생각할 수도 없다. 따라서 인간의 삶은 법에 의해서 구속되고 있는 것이 많다.

현대 사회에 지나치게 법이 많아지는 것에 대해, 미국 소설가 J. E. 스타인벡은,

법이 너무 많아서 한 가지라도 어기지 않고는 숨을 쉴 수가 없다.

고 까지 말하지만, 법 없이는 평화로운 사회나 국가를 건설할 수 없는 것이다. 함께 살기 위해 법은 필요하고, 만들어진 법은 지켜져야 한다.

악법도 법이다.

소크라테스 ■

∞

아무런 저서를 남기지 않은 소크라테스의 확실한 사상을 알기는 어려우나 아리스토텔레스나 플라톤의 저서 등에 언급된 것을 보면 "너 자신을 알라"고 주창하였다. 그 방법으로 제논(Zenon)의 변증법을 활용하여 논변을 진행시키는 사이에 잘못된 판단의 모순을 깨우치고 다시금 옳은 판단으로 유도시켰는데 이것이 유명한 산파술이었다. 그는 합리주의자였으나 이른 아침에 시작해서 일주야를 요지부동하면서 내심에 침잠하는 선정(禪定)의 경지에 들기도 하였다. 이렇게 지혜를 사랑하는 마음으로 정의, 절제, 용기, 경건 등을 청년들에게 가르침으로써 많은 청년들에게 큰 감화를 끼쳤으나 공포 정치 시대의 참주(僭主)였던 크리티아스 등의 출현이 그의 영향 때문이라는 오해를 받게 되어, "청년을 부패시키고 국가의 제신(諸神)을 믿지 않는 자"라는 죄명으로 고소되고, 결국 사형을 언도받았다. 그는 도주할 수도 있었지만 "악법도 법이다"라는 투철한 준법정신을 행동으로 옮겼고 태연히 독배를 들어 마시면서 제자들에게, 전날 친구를 접대하느라고 이웃에서 빌린 닭 한 마리를 갚아달라는 유언을 남겼다 한다.

그는 또,

우리가 만일 국법에 복종하지 않는다면 그것은 삼중의 부정을 범하는 거다. 즉 그는 자기 생을 부여한 자에게 복종하지 않는 것이요, 자기를 양육한 자에게 복종하지 않는 것이요, 복종하기로 약속해놓고 이에 복종하지 않은 것이나 다름없다.

고 했다. 그의 투철한 준법정신은 인류의 귀감이 되고 있다.

법이 없으면 적게는 행동이 게을러지고 크게는 사치하는 습관이 생겨 이를 각각 절제할 줄 모르는 것이다. 그러므로 위에서 법이 있으면 백성들이 저들의 행동을 절제할 줄 알게 되며, 백성들이 저들의 행동을 절제할 줄 알게 되면 자연 법을 범하지 않게 되는 것이다.

공자가어(孔子家語) ■

법이 존재해야 할 필요를 말한 것이라고 볼 수 있다.

법이 있고 없음에 따른 인간 행태를 간파한 것이다. 이와 같이 법이 있음으로써 인간이 절제하게 되는 것은 분명하다. 그리고 존재하는 법은 지켜져야 하는데 이 부분에 관해서는 안창호 선생의 다음 말을 보면 도움이 될 것이다.

독립 운동 기간에 법을 지킴이 마땅하냐, 아니하냐. 나는 아직 법을 복잡하게 함은 반대하오마는 이 때일수록 더욱 우리의 법을 복종하여야 하오. 비록 간단하지마는 우리의 법은 절대 복종하여야 하오. 내가 반대하는 것은 오직 현금(現今)에 앉아서 법의 이론을 위사(爲事)함이외다. 우리가 국가를 신건(新建)할 때에 대한의 법률을 신성하게, 최고로 알아 전 국민이 이에 복종하여야 하오.

이 말은 참으로 우리에게 법의 신성함을 일깨워주고 법의 존엄성을 가르쳐 주는 말이다. 현실적으로 법을 어기면 형벌이 주어지지만 그 형벌 때문이 아니라 인간의 도리로써 지켜가야 하는 것이다.

•지혜보다
밝은 눈이
어디있으랴

결혼 생활은 긴 대화이다.

니체 [인간적인, 너무나 인간적인]에서 ■

　니체의 [인간적인, 너무나 인간적인]은 1882년, 음악가 바그너로부터 그리스도교적인 악극 [파르치발]을 선물 받고, 그에 대한 화답으로 보낸 것이다.

　니체와 바그너는 30세라는 연령 차이가 있었지만 깊은 우정을 쌓았으며, 10년 이상 관계가 지속되었다. 그러나 니체가 유럽 문명의 퇴폐를 비판하면서 그리스도를 유럽적인 인간 타락의 원인으로 생각하여 생의 긍정과 초인의 이상을 주장하여 바그너와 결별하게 된다.

　이런 내력을 가진 [인간적인, 너무나 인간적인]에서는 결혼을 긴 대화로 해석하고 있는 것이다. 이 말에 이어 니체는

　결혼 생활에서는 다른 것은 모두 변화해 가지만, 함께 지내는 시간의 대부분은 대화에 속한다.

라고 쓰고 있다. 이는 결혼 생활에서는 대화가 얼마나 중요한 것인가를 깨우쳐 주고 있는 것이다. 카뮈는,

　사람들 사이에서 대화가 없이는 생활을 영위해 나갈 수 없다.

고도 하는데 결혼 생활에서는 두 말할 나위 없는 것이다.

　그러나 니체는 평생 결혼을 하지 않았다. 19세 무렵부터, 여러 여자와 사랑을 나누어 왔지만 결혼에는 이르지 못했다.

결혼은 새장과 같은 것이다. 밖에 있는 새들은 쓸데없이 그 속으로 들어가려 하고, 속에 있는 새들은 쓸데없이 밖으로 나가려고 애쓴다.

M. E. 몽테뉴 ■

　결혼이 어떤 것인가에 대해서는 많은 사람들이 많은 정의를 내려놓고 있다. 결혼 생활이 어떤 것인가는 해보지 않고 말하기는 어렵지만 좋은 점, 나쁜 점이 있을 수 있는 것이다. 예를 들어 톨스토이가 [부활]에서는,

　대체로 결혼을 해서 이로운 점은, 첫째로 가정생활의 즐거움 이외에 성생활의 부정을 제거하고, 도덕적인 생활을 가능케 하며, 둘째로는 아이들이 현재의 무의미한 생활에 의의를 준다는 데 있었다. 대체로 이러한 것이 결혼이 이롭다고 생각되는 점이었다. 동시에 결혼의 이롭지 못한 점이란 첫째로 독신 생활을 하는 노총각 층에 공통되는 것으로 지위를 박탈당하리라는 공포심과, 둘째로는 여성의 신비로운 존재에 대한 무의식적인 공포였다.

고 쓰고 있다.
　세상의 모든 일이 그런 경우가 많지만, 이 때 어느 것이 옳다고 말하기는 어렵다. 그것은 개인의 인생관에 따라 다르기 때문이다. 그래서 소크라테스가 남긴,

　결혼하는 것이 좋은가 하지 않는 것이 좋은가. 그 어느 쪽이든 너희는 후회할 것이다.

란 말이 오래 회자(膾炙)되는 것이다.

● 지혜보다
밝은 눈이
어디있으랴

사랑은 욕구와 감정의 조화이며, 결혼의 행복은 부부간의 마음의
화합으로부터 결과적으로 생겨난다.

발자크 ■

　결혼 생활의 행복은 부부간 마음이 화합하는 것에서 비롯된다는 말이
다. 가장 기본적이고 당연한 일이지만 이 일이 결코 쉽지 않다. 사람들은
쉽게 결혼 생활이 불행할 때 좀 더 상냥한 아내였더라면, 좀 더 훌륭한 남
편이었더라면 하고 머리속에 이상을 그리면서 상대방에게 불만을 갖게
되고 나아가서는 멸시하게까지 된다.

　그러나 이래서는 행복을 만들 수 없다. 어떤 일이든지 자기가 처해있는
현실을 인정하지 않으면 안 된다. 따라서 결혼을 했다면 결혼 생활을 어
떻게 하면 행복하게 할 수 있을까를 생각해야지 내가 이러이러한 상대를
만났어야 했을 걸 하는 따위의 결혼 이전의 문제로 돌아가는 사고방식으
로는 아무 이득도 보지 못한다. 그리고 그런 생각은 정말 망상일 뿐이다.
완전한 인간은 있을 수 없기 때문이다. 그리고 또 스스로는 완전하지 못
하면서 완전한 상대방을 원하는 것은 잘못된 것이다.

　결점이 있고 부족한 대로 현재의 남편이나 아내와 어떻게 화합해 나갈
것인가 그것을 생각해야 한다. 이 문제를 제쳐놓고 결혼 이전의 망상에만
젖어있다면 그 결혼 생활에 행복의 새가 날아들 수 없는 것이다.

　결혼 생활이란 순간순간 애써 사랑을 쌓아 올려야 하는 커다란 일이다.
그 일은 결코 그냥 주어지지 않는 것이다. 땀이 없는 곳에 보람의 열매가
맺히겠는가? 애쓰지 않고 되는 일이 없듯이 애쓰지 않고 행복한 가정을
이룰 수 없는 일이다. 노력해야 보람과 행복이 두터워질 수 있는 것이다.

부부란 두 개의 반신이 되는 것이 아니고, 하나의 전체가 되는 것
이다.

V. 고흐 ■

이 말에 대한 설명은 이희승의 [인간과 윤리]에서 말한 다음의 인용을
보면 쉽게 이해할 수 있을 것 같다.

별다른 개성을 가진 남녀가 결합하여 한 개의 인격이 된다는 데는 거기
에 벌서 협동의 문제가 생기게 된다. 그리고 부부간의 협동이란 1+1=2가
아니라, 1+1=1이 되는 것이다. 즉 그들의 개성은 반만 남게 되는 것이다.
반은 죽이고 반만 살리는 것이다. 반을 죽인다는 것은 희생이요, 반을 살
린다는 것은 사랑이다. 희생의 정신과 애정, 이 두 가지가 없이 부부 생활
이 불가능한 것은 너무도 자명한 일이다. 이 원리는 부모 자식 간에도 적
용되고 형제 자매간에도 성립된다. 이것을 가족 구성의 원리로 보아도 좋
을 것이다.

가족 구성의 원리로까지 확대되는 희생과 사랑이 부부 생활의 원칙이
되어야 하는 것이다. 그러나 희생과 사랑은 말처럼 쉽지 않다. 많은 것을
참아 내야 하기 때문이다.
체호프는 그의 [결투]에서,

결혼 생활에서 가장 중요한 일은 인내와 관용이다.

라고 말한다.
희생으로 자기의 반을 죽이고, 사랑으로 자기의 반을 살려야 행복한 부
부 관계를 유지할 수 있는 것이다.

지혜보다
밝은 눈이
어디있으랴

부부가 진정으로 사랑하고 있으면 칼날만한 침대에 누워도 잘 수 있지만, 서로 미워하면 6m나 되는 넓은 침대일지라도 비좁기만 하다.

탈무드 ■

   사랑과 미움의 차이를 공간으로 설명하여 쉽게 이해되고 또 공감할 수 있는 말이다. 부부가 서로 사랑하지 않으면 얼마나 고통스러울 것인가도 생각할 수 있게 한다. 어떻게 해야 칼날 위에서 잠잘 수가 있을까? 세계 예화집에서 영국 정치가 디즈레일리의 결혼 생활 이야기를 옮겨본다.

   이 예화를 통해서 그 비결을 찾아보자.

   디즈레일리는 독신으로 지내다가 35세가 되었을 때 15세나 연상인 과부와 결혼했다. 하지만 이 결혼은 참으로 행복한 결혼이요, 시적인 감동까지 주는 결혼이었다. 미모의 여인이었기 때문인가? 아니다. 그녀는 아름답지도 않고, 재주도 없었고, 문학상으로나 역사상으로나 희랍이 먼저였는지 로마가 먼저였는지조차 모를 정도였다. 의복, 음식, 생활에 관한 생각은 거의 빵점이었다.

   그러나 결혼 생활에서 가장 중요한 한 가지만은 갖추고 있었다. 그것은 곧 사람을 다루는 기술, 즉 존경심이었다. 그녀는 평소에 남편을 압도하려는 성격을 가져본 적이 없었다. 남편이 기운이 쇠잔하여 집에 돌아오면 반가이 맞아주고 존경했다. 남편은 남편대로 그 날 일어났던 일을 밤늦도록 이야기해 주었다. 남편의 사랑은 아내의 신임을 얻기에 충분했다. 이렇게 30년을 살았다. 그리고 디즈레일리는 "결혼 생활 30년에 아내 때문에 마음 상했던 적이 한 번도 없었다."고 말했다.

배필에게 욕하는 동물은 인간뿐이다.

L. 아리오스토 [광란의 오를란도]에서 ■

　한 사람의 남자와 한 사람의 여자가 만나서 하나가 되려는 과정에서 벌어지는 부부 싸움은 어쩌면 피할 수 없는 일인지도 모른다. 그래서 통과의례로 생각할 수도 있지만 심하게 싸우면 욕설도 하게 되고 폭력까지 쓰게 된다. 극단적인 경우이긴 하지만 목숨까지 뺏는 경우도 일어난다. 인용한 이 말은 배필이 되어 살면서 욕하는 것을 아주 경멸하는 말이다. 부부가 싸움을 하는 것은 여러 가지 이유가 있고, 당사자들에겐 심각할지 모르지만 다른 사람들은 그리 심각하게 받아들이지 않는 관습이 있다. 우리나라 속담에

　부부간 싸움은 칼로 물 베기

라고 하는 것에서 알 수 있다. 우리나라뿐만 아니라 일본, 영국, 프랑스에도 부부 싸움은 하찮은 것이라는 뜻의 속담이 전해지고 있다.

　부부 싸움은 개도 거들떠보지 않는다.　　　　　　　　　　 -일본-

　부부 싸움은 팔꿈치를 부딪치는 것과 같다. (아프긴 하지만 곧 낫는다는 뜻.)
　　　　　　　　　　　　　　　　　　　　　　　　　　 -영국-

　부부 싸움은 수입도 재산도 유산도 불리지 않는다.　　 -프랑스-

라고 하는 것들이다. 부부 생활에서 싸움은 피할 수 없다고 하지만 서로가 이해할 수 없는 선을 넘어서면 곤란하다.

가정은 생의 안식처요, 마음의 보금자리다.

안병욱 ■

안병욱이 한 이 말은 아주 평범한 말이다. 그러나 가정을 이해하는 데 이 이상의 말도 없을 것 같다. 이 말에 대한 설명을 더 들어보자.

가정은 이해의 따뜻한 바람이 불고 화목의 훈훈한 향기가 감돌고 애정의 행복한 샘이 솟는 인생의 안식처다. 이러한 안식처에서 우리의 피곤한 신경은 새로운 원기를 얻어 힘찬 활동력을 회복한다. 가정에서 생의 안식처를 발견하지 못하면 우리는 어디서 쉴 자리를 찾을 것인가. 가정이 행복한 인생의 안식처가 되느냐 못되느냐는 아내에게 달려있다. 우리는 좋은 배우자를 선택해야 한다. 남자의 성공 배후에는 반드시 아내의 내조의 공이 있다.

고 했다. 가정의 행복을 창조하기 위해서 아내의 역할을 강조했다. 이런 사실까지도 남녀 불평등이라는 논리로 보려고 하면 가정의 행복은 창조되기 어렵다. 가정은, 아니 어떤 조직이나 두 사람 이상 함께 사는 곳이라면 누군가의 희생이 따라야 하기 때문이다.

그렇다고 가정의 행복 만들기가 전적으로 아내에게만 달려있다고 생각하는 것에도 문제가 있다. 단지 그 역할을 볼 때 아내 쪽의 비중이 크다는 뜻으로 이해하면 될 것이다.

어떤 삶에든 상대성이 있기 때문에 아내가 가정의 행복 만들기에 힘쓰고 보람을 느낄 수 있도록, 남편의 배려가 있어야만 성공할 수 있고, 가정은 마음의 보금자리가 될 것이다.

세계 속에 가정이 있는 것이 아니다. 실은 가정 속에 전 세계가
들어 있는 거다.

오소백 [단상]에서 ■

　인간에게 있어 가정이 얼마나 소중한 것인가를 가르쳐 주고 있다. 인간
은 갖가지 욕망이나 꿈을 안고 살고 있다. 그리고 그것을 충족시키고 만
족시켜 줄 것을 추구하며 세상을 무턱대고 돌아다닌다. 그런데 인간이 찾
아 헤매는 그것은 정작 세상에는 없고, 가장 가까운 가정에 있을 때가 많
은 것이다.
　사회 생활을 영위하는 인간에게 있어서 가정은 기지(基地)와 같은 것이
다. 집에서 편히 쉬며 피로를 풀고 내일에 대비한다.
　이와 같은 뜻의 명언으로 영국 작가 조지 무어는

　인간은 자신이 갖고 싶은 것을 찾아서 세상을 돌아다니고, 그리고 가정
에 돌아왔을 때에 그것을 찾아낸다.

는 말을 남겼다.
　이 말을 읽으면 오소백이 세계 속에 가정이 있는 것이 아니라 가정 속
에 세계가 있다는 말을 이해할 수 있다. 따라서 홈스가 [천당에서 느끼는
그리운 내집]에서

　설령 우리의 몸은 가정을 떠날지 모르나 우리의 마음은 떠나지 않는다.

고 한 말을 실감할 수 있다. 인간이 찾는 그 무엇, 이를테면 행복은 가정
에 있는 것이다.

가정은 천당이고 유흥은 악덕이다.

옥덴 나시 [즐거운 집]에서 ■

가정이 인간 행복의 근원이라는 사실을 부정하기는 어렵다. 가정과 유
흥장을 비교한 이 말은 우리에게 큰 교훈을 주고 있다. 옥덴 나시가 이 말
다음에 '그러나 가끔은 유흥이 좋다.'고 말하기도 했지만 이 말은 조금
더 깊이 생각하면 가정이 천당이라는 것을 더욱 강조하고 있는 것으로 해
석함이 옳은 것으로 생각된다. 그런 측면에서 다분히 역설적인 다음의 이
야기를 읽고 가정이란 어떤 곳인지를 정리해보자.

세계의 모든 나라 모든 사람이 애창하는 〈홈 스위트 홈〉의 작자 존 하
워드 페인은 한 번도 가정을 가져본 일이 없었다. 그가 이 노래를 지은 때
는 프랑스 파리에서 무일푼의 처량한 신세였을 때다. 그는 한평생 아내를
얻지 않고 집도 가지지 않고 이 지구 위를 헤매었다 한다.

1851년 3월 3일 C. E. 크루크에게 보내는 편지에서 그는 이런 말을 했
다.

"진정 이상한 얘기지만 세계의 모든 사람들에게 가정의 기쁨을 자랑스
럽게 노래한 나 자신은 바른 말이지 아직껏 내 집이라는 맛을 모르고 지
냈으며, 앞으로도 맛보지 못하고 말 것이오."
라고.

그는 이 편지를 쓴 지 1년 뒤 튀니스에서 사는 집도 없이 거의 길가에
쓰러지듯 이 세상을 떠났다. 그러다가 얼마 지난 뒤에 그의 시체는 다시
고향인 위싱턴의 오크 언덕 공동묘지에 이장되어 비로소 안주의 땅을 얻
었다.

가정은 행복을 저축하는 곳이요, 그것을 채굴하는 곳이 아니다.
얻기 위해 이루어진 가정은 반드시 무너질 것이요, 주기 위해 이
루어진 가정만이 행복한 가정이다.

우찌무라 간조오(內村鑑三) ■

가정이 사랑을 바탕으로 이루어진다는 말을 다르게 표현한 것이다. 사
랑으로 충만한 가정에서만 행복이 존재하기 때문이다. 가정에서 행복을
저축하기 위해서 해야 할 일은 참으로 많다. 그런 한 예를 [채근담]에서
찾아보면,

집안사람이 허물 있다 하여 몹시 성내지 말 것이며 가볍게 버리지 말
것이니, 그 일을 말하기 어렵거든 다른 일을 빌려 은근히 교회(敎誨)하라.
오늘에 깨닫지 못하거든 내일을 기다려 두 번 경계하라. 봄바람이 언 것
을 풀듯이 화기가 얼음을 녹이듯이 한다. 이것이 바로 가정의 규범이니
라.

는 말이 있다. 바로 행복을 저축하는 방법을 가르쳐 주는 말이다. 또 가족
구성원이 어떻게 해야 행복이 저축되는 것인가는 현상윤이 [거듭나자]에
쓴 다음 글을 읽고 이해하자.

인간 사회 가운데 가정처럼 인생의 미를 잘 드러내고 도덕과 의리를 힘
있게 표시하는 곳은 없나니, 이는 대개 가정에는 사랑이 충일하는 까닭이
라 — 연로한 부모를 위하여 자녀가 공양하며, 유소(幼少)한 자녀를 위하
여 부모가 교육하며, 부부가 호양상조(互讓相助)하여 일가가 일단을 형성
함은 이 인생 생활의 극치가 아니며 자연계의 묘운(妙韻)이 아니랴.

•지혜보다
밝은 눈이
어디있으랴

일은 고귀한 마음의 영양이다.

L. A. 세네카 ■

　인간은 왜 사는가? 이 막막한 질문에 명쾌하게 답할 수는 없다. 사람마다 삶의 목적을 달리하기 때문이다. 그러나 이 질문에 한 마디로 가장 가깝게 답한다면 [일]이 아닐까 생각된다. 무엇이 되고, 무엇을 한다는 것은 모두 일로 연결되기 때문이다.
　따라서 일은 인간이 사는 것에 애정을 북돋우는 것이다. 일의 이런 속성들을 성현들의 명언으로 생각해 보기로 하자.

　일은 모든 것을 정복한다.　　　　　　　　　　　-호메로스-

　일의 쾌감은 고됨을 잊게 한다.　　　　　　　　-호라티우스-

　인간에게 있어서 현세에서 가장 소중한 것은 우리들이 현재 행하고 있는 일이다.　　　　　　　　　　　　　　　-인도의 火神告事記-

　일하는 것, 이것만이 ‘살고 있다’ 는 증거이다.　　-J. H. 파브르-

　일이 체면을 손상시키는 것은 없고, 면목이 없다는 것은 게으른 것이다.　　　　　　　　　　　　　　　　　　　-헤시오도스-

　성공의 지름길은 첫째 일을 사랑하는 것　　　　　-츄크-

　우리의 최상의 친구는 일이다.　　　　　　　　　-프랑스 속담-

다른 사람들은 목청으로 노래하지만 나는 심장으로 노래했다.

슈발리에 ■

　프랑스 예술의 거장 장 콕토는 프랑스의 2대 명물로 에펠 탑과 예술인 모리스 슈발리에를 꼽았다. 슈발리에는 1888년 페인트 공인 아버지와 레이스 직공인 어머니 사이에 9남매 중 막내아들로 태어났다. 열 살 때 학업을 중단하고 직업전선에 나서야 했던 그는 아버지의 가출과 지독한 가난 등, 어린 나이에 겪은 생존경쟁 속에서 꿈을 잃지 않고 낙천적으로 살아 프랑스가 자랑하는 뮤지컬 배우가 된 것이다.

　슈발리에가 어려운 환경을 극복하고 세계적 배우가 될 수 있었던 것은 위에 인용한 한 마디 말의 힘이다. 다른 사람들은 목청으로 노래하지만 심장으로 노래했다는 말 속에는 노래에 목숨을 걸었다는 뜻이 들어있다.

　이와 같이 어느 분야에서든 크게 성공한 사람들의 특성은 그 한 가지 일에 인생의 전부를 걸고 보통 사람과는 달리 개성적인 방법으로 그 일에 전력투구한다. 다른 사람과 꼭 같은 방법으로, 다른 사람과 꼭 같은 시간을 투자하는 것만으로 그 분야에서 성공하기는 어렵다. 천부적 소질의 영향을 절대적으로 무시할 수 없지만 인생에서는 노력한 만큼 거둘 수 있다는 것이 절대적 진리다.

　아무리 세상이 바뀐다 해도 인생을 사는 근본적인 목적은 달라지지 않는다. 과학 문명의 발달이 인간의 삶을 한없이 편하게 해줄 수 있을지는 모르지만 인간이 사는 목적을 변화시키지는 않는다. 인생의 꽃은 언제, 어디서나 최선을 다했을 때만 피는 꽃이기 때문이다.

지혜보다
밝은 눈이
어디있으랴

참다운 책임이란 스스로가 자기 자신을 결정하는 최고의 권한을
자신이 가지고 있어야 한다.

E. 카네티 ■

　자기에 대한 일의 책임은 모두 자기에게 있다. 이 사실을 사람들이 인
식하지 못하고, 책임을 회피하려는 데서 불행의 싹이 튼다. E. 카네티의
다음 말을 통해서 책임의 개념을 분명히 하자.

　어느 날, 아직 발걸음이 확실치 않은 아장 걸음의 우리 아이는 제 조그
만 의자를 부엌으로 끌고 와서 그것을 발판 삼아 냉장고 위로 기어 올라
가려는 참이었다. 나는 당황하여 달려갔지만 아이는 이미 마루에 굴러 떨
어지고 난 뒤였다. 내가 안아 일으켜 주려니까 아이는 그래도 기가 살아
서 힘껏 의자를 걷어차고는 아주 화난 목소리로 외치는 것이었다. "의자
자식, 나쁜 자식, 나를 떨어뜨리고!" 어린아이를 다뤄 본 경험이 있는 사
람은 이와 같은 경우를 몇 번이라도 당했을 것이다.
　어린 아이는 자기의 곤경이나 실패의 경험을 생명이 없는 무생물이나
죄 없는 구경꾼에게 뒤집어씌우는 경우가 흔히 있다. 그러나 문제는 이러
한 어린이 같은 태도가 어른이 되어서도 계속될 때 일어나는 것이다. 자
기의 실수나 잘못의 책임을 남에게 미루는 경향은 인류의 역사와 비슷하
리만큼 옛날에도 많이 있었다. 아담조차도 금단의 열매를 먹은 죄를 "여
자가 그 과실을 주었으므로 내가 먹었나이다."고 말하여 남에게 뒤집어
씌웠던 것이다. 성숙의 첫걸음은 자기의 책임은 자기가 지겠다는 각오로
가지고 인생을 대해야 하는 것이다.

각자가 자기의 문 앞을 쓸어라. 그러면 거리의 온 구석이 청결해진다. 각자 자기의 과제를 다하여라. 그러면 사회는 할 일이 없어진다.

J. W. 괴테 ■

　사회를 지탱하는 원동력은 사회를 구성하고 있는 구성원들의 책임 완수에 있다. 어느 조직이든 조직원이 책임을 다하지 않을 때 그 조직은 절대 생명력을 유지할 수 없다. 책임을 피한다고 해서 피할 수 있는 일이 아니기 때문이다. E. 마컴은 [책임]에서,

　책임이 너의 문을 두드릴 때 기꺼이 맞으라. 기다리게 하면 그는 떠나도 다시 찾아 올 것이니, 일곱 개의 다른 책임을 데리고 함께.

라고 썼다. 이렇게 책임은 피할 수 있는 것이 아니라 피하면 피할수록 늘어난다. 가정이건 직장이건 사회이건 또 국가이든 그 수준에서 각자에게 주어진 책임이 다 있게 마련이다. 결국 모든 구성원이 책임을 다 한다면 그 사회는 밝게 전진할 수 있다. D. 웹스터도 피할 수 없는 책임에 대해 다음과 같이 썼다.

　책임감은 언제나 우리를 쫓아다닌다. 하느님의 섭리가 편재하듯 어디로 가나 거기에는 책임이 있다. 아침이란 날개를 얻어 바다 끝으로 날아가 살더라도, 책임은 우리가 완수했건 안했건 기쁨이 되고 마음의 고통이 되어 우리와 함께 있다. 어둠이 우리를 숨겨줄 것을 바라겠지만 어둠속에서도 책임은 낮과 같이 우리 곁에 있다.

지혜보다
밝은 눈이
어디있으랴

사람이 된다는 것은 바로 책임을 안다는 그것이다. 자기에게 속한 것 같지 않던 곤궁 앞에서 부끄러움을 아는 것이다. 돌을 갖다 놓으면 세상을 세우는 데에 이바지한다고 느끼는 것이다.

A. 생텍쥐페리 ■

사람이 된다는 것이, 책임을 아는 것이다란 말은 매우 적절하다. 이 말은 책임을 진다는 사실이 얼마나 중요한 것인가를 역설적으로 말하는 것이다. N. V. 필의 다음 말은 이런 사실을 크게 뒷받침해 준다.

자기가 맡은 책임을 완수하지 못하는 사람은 누구나 우둔한 상태에서 헤어나지 못하고 몽유병자 같은 생활을 하게 되는 것이다.

라고 했다. 반면 윤영춘은 [행복은 너의 것]이란 글에서

사람의 일생을 통하여 가장 명예스러운 일은 자기 책임을 다한 뒤에 오는 성공이다. 위대한 사람치고 책임을 다 하지 않은 사람이 없으며, 큰 책임을 다한 사람이라야 큰 인물이 되어지는 것이다.

라고 썼다.

이런 명언들을 통해서 우리는 사람이 된다는 것이 책임을 안다는 것이라는 말을 충분히 수긍할 수 있을 것이다. 인생의 성공도 책임을 다한 후에 얻는 것이 가장 명예롭다고 하는 말도 얼마나 멋있는 말인가! 지금 나의 책임은 무엇이고 그 책임을 다하기 위해 무엇을 해야할까를 생각하자.

책임은 자신에게 무겁게 지우고 남에게는 가볍게 하여야 된다.

정약용 [목민심서]에서 ■

१०

한 가지 일에 대한 책임을 두고 따질 때 적용해야 할 말이다. 대개 위의 말과 반대되는 일이 많다. 자기가 책임을 무겁게 지는 자세를 가져야 한다. 다음에 인용하는 두 글에서 왜 책임져야 하는 지 이유를 찾아보자.

책임을 남에게 돌릴 때 우리의 정신은 온통 '밖으로' 쏟아져 나와 있으며 이때에 우리의 입에서는 욕설만 튀어나온다. 반대로 모든 책임을 내가 뒤집어 쓴다고 나설 때에, 우리의 정신은 고스란히 '안으로' 확보되어 있으며, 이때에 우리의 생각은 앞으로 할 일에 대해서만 골몰하게 된다.

-황산덕 [그건 너]에서-

우리의 민족 시인 한용운도 [님께서 침묵하지 않으시면]에서 다음과 같이 말했다.

사람이라는 것은 권리와 책임을 자기 스스로가 가질 뿐 아니라, 추호도 남의 권리를 침범하지도 못하는 것이요, 자기의 책임을 남에게 분담시키지도 못하는 것이다. 그것은 무한 무궁의 진리다. 만일 자기의 권리를 침범하는 자가 있다면, 그것은 자기의 권리를 포기한 것이요, 상대자로서 자기의 권리를 침탈한 것은 아니다. 또한 타인으로서 자기의 책임을 분담하는 일이 있다면, 그것은 자기의 책임을 스스로 회피하는 것이요, 타인이 강탈하는 것은 아니다.

군자는 자기에게 책임을 추궁하고, 소인은 남에게 책임을 추궁한다. (君子求諸己 小人求諸人)

논어 위령공편 ■

　논어에 나오는 '군자'는 이상적인 인간상이다. 소인은 그에 반하는 사람이다. 책임의 문제에서 이상적인 사람은 자기에게서 찾고, 소인은 다른 사람에게서 찾는다는 말이다. 이 말은 우리가 흔히 거창하게 말하는 세계 평화나 인류 행복이니 하는 것도 개개인이 인간의 길에 눈 뜨고, 인간의 길을 가려고 해야 이루어지는 것이다. 개인이 충실해야 전체 사회가 충실해지기 때문이다. 군자는 모든 책임을 자기에게 돌리고 자기의 행동에서 전체의 이상을 추구하려고 한다. 또 자기의 노력으로 남과 전체가 행복하게 되기를 바란다. 소인은 이와 반대다. 남에게 책임을 돌리고 남으로부터 불로소득하고자 한다.

　같은 책 같은 편에서 공자는 또,

　자기 책망은 엄하게 하고, 남의 잘못은 가볍게 책망하면 원망이 멀어진다. (躬自厚 而薄責於人 則遠怨矣 : 궁자후 이박책어인 즉원원의)

고 했다. 이 말도 위의 말과 같은 뜻의 말이다.

　보통 사람들은 남에게는 야박하고 자기에게는 관후하게 하기가 일쑤이다. 그러기에 공자의 이 말은 평범하지만, 참으로 중요한 교훈이라고 할 수 있다. 자기 자신에게는 후하고 남을 대할 때는 엄하기 때문에 다른 사람으로부터 원망을 받게 된다. 이와 반대로 자신의 잘못을 엄하게 다루어 깊이 반성하고 남을 관대히 대하면 자연히 원망이 아니라 칭찬이 따르게 될 것이다.

어려서 겸손해지라.
젊어서 온화해지라.
장년에 공정해지라.
늙어서는 신중해지라.

소크라테스 ■

　유년, 청년, 장년, 노년기의 삶에서 무엇을 중요하게 생각하며 살아야 하는가를 제시해주고 있다. 인간의 삶과 비교해 보면 이 기준들은 매우 설득력을 갖는 것이다.
　어려서 겸손하라고 하는 것은 어린 시절은 모든 생활이 배우는 일 그 자체이기 때문이다. 무엇이든 배우는 자세는 겸손하지 않으면 안 된다. 가르치는 사람에게 오만하다면 제대로 배울 수 없기 때문이다.
　젊어서 온화해지라는 말도 젊음의 특징 즉, 과격함이라거나 지나친 의욕 등으로 거칠어지기 쉬운데 이 때 태도가 온순하고 부드러울 필요가 있다. 그래야만 실수를 줄일 수 있는 것이다.
　장년에는 공정하라는 말도 매우 의미 있는 말이다. 장년이 되면 가정에서든 사회에서든 결정권을 잡는 시기인데 이 때 가장 절실하게 요구되는 것은 공평하고 정대한 것이다. 공정이 무너지는 조직에서는 아무 일도 이룰 수 없는 것이다.
　늙어서는 신중해야 한다는 것도 아주 매력정인 말인데 이때는 자문에 응하거나 조언을 해주어야 할 경우가 많이 생긴다. 판단을 의뢰받는 경우는 신중하지 않으면 안 되는 것이다. 잘못된 판단이 갖고 올 피해를 생각하면 판단이 얼마나 신중해야 하는 것인가를 알 수 있다.
　인간의 일생을 크게 네 시기로 나누어 시기마다 어떻게 살아야 할 것인가를 가르쳐주는 명언이다.

지혜보다
밝은 눈이
어디있으랴

대화에는 세 가지 기본자세가 필요하다. 첫째는 개심(開心)의 원리이다. 둘째는 역지사지(易地思之)의 원리다. 셋째는 경청(傾聽)의 원리다.

안병욱 [대화의 정신]에서 ■

안병욱의 이 원리를 설명하는 말을 쫓아가 보자.

첫째, 개심의 원리란 마음의 문을 열라는 뜻이다. 서로 마음의 문을 활짝 열고 상대방의 주장과 의견을 겸허하게 듣고 이해하려는 개방적 정신을 가져야 한다. 마음의 문을 닫아 버리면 대화는 절대로 이루어지지 않는다. 폐심은 대화의 적이다. 현대 사회는 개방 사회요. 현대인은 개방인이 되어야 한다.

둘째, 역지사지의 원리란 처지를 바꾸어서 생각하라는 뜻이다. 대화를 하려면 남의 입장, 남의 처지가 돼 생각할 줄 아는 관용의 정신이 필요하다. 내 입장과 내 주장만 끝까지 고집하면 대화는 절대로 이루어지지 않는다. 대화는 이야기의 쌍방 통행이다. 내 이야기를 네가 듣고 네 이야기를 내가 듣는 것이다. 이야기의 일방통행은 명령이요 지시지 대화가 아니다.

셋째, 경청의 원리란 남의 이야기를 조용히 듣는 자세를 말하는 것이며 대화에서 이보다 더 중요한 것이 없다.

남의 이야기를 경청하지 않으면 남을 올바로 이해할 수가 없다. 경청의 경(傾)자는 기울일 경이다. 우리는 몸을 기울이고, 귀를 기울이고, 마음을 기울이고, 정성을 기울여 남의 이야기를 열심히 들어야 한다. 경청의 청(聽)자는 정신을 가다듬어 진지하게 듣는 것이다. 청(聽)자의 마지막 부분을 보자. 一心이다. 정신을 집중하여 듣는 것이 청(聽)이다.

나는 보았다. 그러나 믿지 않는다.

J. W. 괴테 ■

남의 말하기를 좋아하는 사람들이 이 말 뜻을 새겨두고, 교훈으로 삼을 만한 말이다.

이 말이 나오게 된 배경은 다음과 같다.

괴테는 어느 날 자연과학자인 쏘레에와 함께 궁정의 정원을 산책하고 있었는데 한 쌍의 남녀가 키스하고 있는 것이 눈에 띄었다. 이들은 부부가 아니고 각각 배우자가 있는 사람들이었다. 이에 놀란 쏘레에는 말하였다.

"당신은 보셨습니까?"

괴테는 고개를 끄덕이면서 대답하기를

"보고 말고요. 그러나 나는 그것을 믿지 않습니다."

라고 하였다.

괴테는 사람들의 사적 생활에 간섭하는 것을 아주 싫어하였다고 한다. 따라서 말도 안 되는 다변자나 남의 비평을 하는 자에게는 화를 내었다. 괴테 집안에서의 화제는 전부 예술과 학문에 관한 것뿐이었고, 되지도 않은 잔소리가 나오면 괴테의 눈은 이상하게 빛났다고 한다. 친구들이 와서 남의 이야기를 늘어놓을 때는 괴테는 크게 성을 내어

"자네들의 먼지는 자네들의 집에서 털고 내 집에는 갖고 오지 말게."

라고 꾸짖었다고 한다.

생각은 소수와 함께, 말은 다수처럼 하라.

발타자르 그라시안 [세상을 보는 지혜]에서 ■

발타자르 그라시안은 스페인의 신부다. 그의 유명한 저서 [세상을 보는 지혜]에 있는 말이다. 총 295개의 지혜로 묶여진 책의 44번이 위에 인용한 말이며 다음과 같이 이어진다.

대세에 거슬러 움직이려 하면 오류를 저지르고 위험에 빠진다. 소크라테스 같은 사람만이 그것을 감행할 수 있었다. 사람들은 자신들의 의견에서 벗어나면 이를 모욕으로 간주한다. 그것이 터무니없는 판단의 저주로 보이기 때문이다.

진리는 소수를 위해 존재하며, 허위는 비속하리만큼 널리 퍼져있다. 장터에서 떠드는 자를 현자로 받들지 않을 것이다. 그는 자신의 목소리로 말하는 것이 아니라 일반인의 우둔함을 대변하고 있는 것이다. 비록 그 자신은 내심 그것을 부정한다 하더라도, 지혜로운 자는 다른 사람을 쉽게 반박하지 않듯 자신이 반박 당함도 피한다.

그는 질책의 마음을 가지고 있더라도 이를 쉽게 표현하지는 않는다.

생각은 자유다.

생각은 강요될 수 없으며 강요되어서도 안 된다.

그러므로 지혜로운 자는 침묵의 성전에 칩거한다.

그리고 이따금 소수의 분별 있는 사람들에게만 자신의 뜻을 드러낸다.

자제할 줄 알라. 오랜 시간의 침착함보다 순간의 분노와 기쁨이 더 많은 문제를 야기한다. 평생 계속될 수치가 한 순간에 마련되기도 한다.

발타자르 그라시안 [세상을 보는 지혜]에서 ■

말을 자제해야 한다는 의미로 쓰인 이 명언은 자제할 줄 알아야 하는 이유를 인용한 위의 말에 이어서 다음과 같이 설명하고 있다.

다른 이의 계략은 흔히 의도적으로 그대의 이성을 그렇게 시험한다. 그것은 그대의 정신 깊은 곳에 파고들어 그대의 탁월한 두뇌를 극한까지 몰고 갈 은밀한 수단으로 사용하기 위함이다. 말이란 내뱉는 사람에겐 가볍게 느껴져도 듣는 사람에겐 무게를 지닌다.

의도적으로 자제할 줄 알기 위해 시험한다는 말을 기억할 필요가 있으며 특히 말을 하는 사람은 가볍게 느껴져도 듣는 사람은 무게를 느낀다는 말을 깊이 생각해 볼 필요가 있는 것이다.
같은 책의 219번째의 지혜에서 이와 관련되는 말로

자제할 줄 아는 것은 현명함을 보여주는 것이다. 우리의 혀는 야수와 같다. 고삐가 풀리면 다시 잡아 묶기 어려운 것이다. 가장 자제해야 할 사람이 가장 그렇지 못할 때 최악의 상황이 벌어진다.

우리가 말을 얼마나 자제해야 하는가를 분명히 일러주고 있다. 야수 같은 혀를 잘 다스리는 것이 인간의 지혜다.

지혜보다 밝은 눈이 어디있으랴

청년에게 권하고 싶은 단 세 마디 -
일하라
더욱 일하라
끝까지 일하라.

O. E. V. 비스마르크 ■

독일의 철혈 재상으로 불리는 비스마르크가 청년에게 권하고 싶은 말, 이 세 마디는 별다른 설명을 요하지 않는다. 인생에서 성공하는 가장 확실한 방법은 일하는 것이다. 이것 말고 인생을 성공시킬 것은 아무것도 없다. 근면에 대한 또 다른 명언으로 이를 이해하도록 하자.

게으른 사람은 떡그릇 옆에서 굶어죽지만, 부지런한 사람은 부자 되게 마련이다.　　　　　　　　　　　　　　　　　-구약성서 잠언-

근면은 세 가지 악을 물리친다. 권태와 죄악과 결핍이다.
　　　　　　　　　　　　　　　　　　　　　-프랑스 속담-

부지런한 물레방아는 얼 새도 없다.　　　　　　　-한국 속담-

근면은 행운의 어머니이다.　　　　　　　　-M. 세르반테스-

아직 해가 지지 않았다. 일하라, 지치지 말고, 그 동안에 어느 누구에도 일할 수 없는 죽음이 온다.　　　　　　　　　　-J. W. 괴테-

일하는 사람의 집은 굶주림이 들여다보지만 안으로 들어가지는 않는다.　　　　　　　　　　　　　　　　　-B. 프랭클린-

만일 여러분이 위대한 재능을 갖고 있다면, 근면은 이들 재능을 더욱 진보시킬 것입니다. 한데, 만일 평범한 재능 밖에 갖고 있지 않을 경우에도, 근면은 이들 재능의 결점을 보충해 줄 것입니다.

J. 레이놀즈 ■

재능이 있는 사람이든, 재능이 없는 사람이든 근면해야 한다는 말이다. 즉, 근면하면 가진 재능은 더욱 커지고, 없는 재능은 길러진다는 뜻이다.

괴테는 인간의 재능이 "고독 속에서 길러진다."는 말을 남겼는데 이도 혼자서 분투노력해야 재능이 길러진다는 뜻이다.

미국의 교육학자 레오 버스카글리아는 [PAPA MY FATHER] (한국어 판, 모든 새끼오리에게는 아빠가 있다)에서,

우리는 어리석게 태어났지만, 어리석은 자만이 어리석은 채로 남아있다.

고 말했다. 어리석은 채로 남아있지 않는 유일한 방법은 바로 근면이다. 이 말과 함께 깊이 생각해보고 싶은 근면의 명언 중에는 워나메커라는 사람이 한 다음 말이다.

우리는 일하기 위해 태어난 것이다. — 내가 일할 수 있는 인간이라는 것을 아는 자는 행복하다.

고 했다. 근면하지 않으면 인간의 진정한 행복도 모른다는 의미로까지 확대될 수 있는 것이다.

지혜보다
밝은 눈이
어디있으랴

나의 성공은 단순히 근면에 있다. 나는 일생 동안 한 조각의 빵도 결코 앉아서 먹은 일이 없었다. 쉴 사이 없이 일에 힘썼던 것이다.

N. 웹스터 ■

　과장이 아닌가 하는 의문을 가질 수 있는 말이다. 정말 그랬을까 하는, 그러나 사전 편찬이라는 작업이 얼마나 힘들고 일이 많은가 생각하면 이해되기도 하고 그의 성공이 이 말에 신뢰를 보태고 있다.

　웹스터, 그는 1778년 예일 대학을 졸업한 후 정치에 흥미를 가지고 변호사 시험에 합격했으며, 정치와 문학의 문제에 관심을 가지고 독자적인 교과서의 필요를 절감하여 1783년 발음, 문법, 독본으로 된 "Grammatical Institute of the English Language"를 완성하고 그 중 제1부인 "Elementary Spelling Book"은 교과서로써 전 미국에 널리 쓰이고 있다. 그의 최초의 사전 "A Compendious Dictionary of the English Language(1806)"를 출판, 계속하여 대사전 편찬에 착수, 자료 수집차 영국 · 프랑스를 방문한 후 마침내 그의 최대의 작품 "An American Dictionary of the English Language 2권(1828)"을 완성했다. 이 책은 판을 거듭할수록 유명해져 미국인들 간에 웹스터하면 사전을 뜻하게 되었으며, 그 밖에도 미국의 역사 교과서를 만들어 역사 교육에 크게 공헌했다.

　이 같은 웹스터의 삶은 그가 얼마나 근면하게 살아왔는가를 짐작할 수 있게 하고, 그 스스로 성공했다고 자신 있게 말할 수 있는 것이다. 자기가 자기 삶을 성공했다고 할 수 있는 삶은 분명 성공한 삶이다.

너는 너의 이마의 땀으로 너의 빵을 얻지 않으면 안 된다.

L. N. 톨스토이

일하지 않고 먹을 수 없다는 뜻이다. 톨스토이는 만년에 이 말을 실행하고 직접 호미를 들고 밭을 일구었다. 그리고 곡식과 채소를 심어 철저한 자급자족의 생활을 하고자 했던 것으로 유명하다.

[전등록(傳燈錄)]에는 하루 일하지 않으면 하루 음식을 먹지 않았다는 백장화상의 이야기가 있다.

안백장화상은 나이 늙어서도 일을 쉬지 않았다.

하루는 제자들이 그가 늘 사용하는 낫, 호미, 괭이 등을 감추어 버렸다.

화상은 할 수 없이 하루를 쉬었다.

저녁이 되어 공양을 올렸더니 그는 한 숟갈도 먹지 않고 다음과 같이 말했다.

"너희들의 마음은 고마우나 하루 일하지 않았으니 하루 음식을 거르노라."

일하지 않았기 때문에 음식을 먹지 않는 것을 이해하기 어렵다고 생각하면 안 될 것이다. 이 때 일은 단지 그것을 하고 안하고의 차원이 아니라 삶 그 자체인 것이다. 그런 의미에서 체호프의 말을 들어보자.

오로지 일을 하는 수밖에 없다. 살아가는 행복의 의미도 모두 그 속에 포함되어 있다.

지혜보다
밝은 눈이
어디있으랴

근면이 모든 일의 원동력이다. 불은 쇠를 시험하고, 역경은 강자를 실험한다. 쇠는 쓰지 않으면 녹이 슬며, 부지런히 돌아가는 물레방아는 얼지 않는다.

L. A. 세네카 ■

네로 황제의 스승으로 알려져 있는 로마 스토아학파 철학자 세네카의 말이다. 사람은 한평생 살아가는 동안에 참으로 많은 경험을 하게 된다. 그런데 인간에게 닥치는 많은 일들은 뜻하는 대로 잘 풀리는 경우도 있지만 잘 풀리지 않는 경우가 더 많다. 강한 쇠도 불 속에 들어갔다가 나와야 더 강해지듯, 사람도 역경에 빠졌다가 헤어나는 사람이 더 강하다.

쇠의 경우는 그것이 쓰일 곳에 쓰이지 않고 버려져 있으면 이내 녹이 슬어 쇠의 구실을 못하게 된다. 인간에게도 큰일을 하는 사람은 그만큼 더 큰 역경을 만난다. 역경이 크면 클수록 그 역경을 헤어 나온 보람도 커진다. 따라서 인간의 경우도 역경을 이긴 자만이 역경에 도전할 수 있을 것이며, 역경에 도전하기 위해서 근면하지 않으면 안 되는 것이다. 아울러 근면한 사람은 근면으로부터 끊임없이 용기와 힘을 공급받는다.

신은 부지런한 사람을 도와준다.

는 영국 속담이 있다. 신이 도운다는 것은 근면을 통해서 이루어지는 인간의 성취다. 결코 우연히 주어지는 것은 없으며, 인간이 누리는 성취나 보람은 모두 땀의 결실이라고 하지 않을 수 없다. 근면만이 모든 일을 성취하게 한다.

절약은 큰 수입이다.

M. T. 키케로 ■

팔만대장경에도 [검소는 수입의 미덕이다.]라는 말이 있다. 요즘은 절약, 검소라는 말들이 사어(死語)가 된 감이 없지 않지만 검소, 절약 없는 생활은 우리 미래를 어둡게 할 뿐이다. 절약 생활에서는 우리의 민족운동가인 고당(古堂) 조만식(曺晩植) 선생의 일화를 참고할 만하다.

조만식 선생의 검소한 생활은 일반 사람들이 흉내를 내기가 힘들 정도였는데, 그는 무명 두루마기의 고름을 절약하느라고 단추를 달게 한다든지 모자도 대를 이어 쓸 수 있도록 말총으로 튼튼히 만들어서 썼다. 오산학교 교장 시절, 졸업식이나 입학식 때에도 그는 모닝코트를 입지 않으므로, 어느 날 남강 이승훈(南岡 李承薰) 선생이 선생의 초라한 모습을 내빈들에게 보이기가 거북하여,
“평상시에는 괜찮으나 졸업식 때에만은 제발 예복을 입으십시오.”
하고 권유했지만, 조만식 선생은 끝내 고집을 꺾지 않았다.
“없는 것을 어떻게 입겠소? 교장 노릇을 못하면 못했지 예복은 입지 못하겠소.”
하였다고 한다.
한 번은 이런 일이 있었다. 중학을 막 졸업한 아들이 항상 신고 싶어 했던 구두를 한 켤레 사 가지고 왔다. 그는 아들에게 그 구두를 가져 오라 하더니 가위로 싹독싹독 자르면서 아들을 준엄하게 꾸짖었다. “공부하기 위해서라면 아까울 것이 없다. 그러나 우리 신분에 맞지 않는 사치는 용서할 수 없다.”

작은 비용을 삼가라. 작은 구멍이 큰 배를 가라앉힌다.

프랭클린 ■

　프랭클린은 정치가로서 피뢰침과 스토브의 발명, 그리고 번개와 전기의 방전이 같다는 것을 실험을 통해 세상에 알린 것도 유명하지만, 프랭클린 10칙 등 현실적인 처세훈(處世訓)을 많이 남기기도 했다. 위에 인용한 이 말은 그 중의 한 가지이다. 특별히 설명을 할 필요도 없는 말이다. 절약과 검소가 곧 수입으로 직결된다는 사실은 너무나 분명한 일이기 때문이다.

　로마 철학자 세네카는 자신이 대장원을 가진 부유층이라 절대로 지갑이 빈 적이 없는 사람이라고 하지만,

　지갑이 비고 난 뒤의 경제는 이미 늦다.

는 말을 남기고 있다.

　작은 씀씀이를 줄이지 않고서는 절대로 부를 만들거나 지키지 못할 것이다. 반면 작은 씀씀이를 줄이는 생활을 한다면 생각보다 쉽게 부를 만들거나 지키게 될 것이다.

　작은 비용을 삼가지 않는 즉, 낭비가 얼마나 무서운 것인가를 다음의 말들을 통해서 생각해보라.

　낭비가는 사탄의 형제다.　　　　　　　　　　　　　　-코란-

　낭비벽은 바닥없는 심연(深淵)이다.　　　　　　　-M. T. 키케로-

　우리는 가난과 전쟁을 해야 할 뿐만 아니라 낭비와도 싸워야 한다.

　　　　　　　　　　　　　　　　　　　　　　　　　-L. B. 존슨-

절약은 불필요한 비용을 피하는 과학이며, 또 신중하게 우리의
재산을 관리하는 기술이다.

L. A. 세네카 ■

절약 없이는 누구도 부자가 될 수 없다. 우리가 아는 어떤 재벌이라도
그들의 생활을 보면 보통의 사람들이 이해할 수 없을 정도로 절약하며 산
다.

세계적 부호 록펠러도 예외가 아니다. 다음 글을 보자.

록펠러 성공 비결 중 또 하나는 그가 대단한 절약가라는 점이다. 석유
한 방울, 못 한 개라도 허술히 하지 않는다. 브링크론제관소에서 일하는
한 기사가 석유통을 밀봉할 적에 쓰는 한다를 40방울에서 39방울로 줄일
수 있다는 이야기를 듣고 몹시 기뻐했다 한다. 회의는 반드시 점심시간을
이용했고, 이렇게 경제적으로나 시간적으로나 몹시 절약했다.

보라. 록펠러가 누구인가? 미국의 대재벌이다. 스탠더드 석유회사를 창
립, 사장이 되었고 특수한 판매 정책과 금융 정책으로 동업자들을 제압하
고 스탠더드 석유 트러스트를 조직, 석유업의 독점적 지배를 확립했다.
이 독점 지배가 반트러스트 법 위반으로 해산되기는 했지만 그는 이 사업
에 성공했다.

은퇴 후 자금을 내어 시카고 대학을 창립하고 뒤에 록펠러 재단을 설
립, 병원 · 의학 연구소 · 교회 · 학교 등의 문화 사업에 전력했다. 이런 그
가 물건과 시간을 아끼는 정신은 얼마나 철저했는가? 따라서 록펠러가
성공하게 된 밑바탕은 이렇게 절약하는 정신이 있었기 때문에 가능한 것
이다.

절약은 아름다운 미덕이며 이 미덕을 갖추지 않는 한 부는 누릴 수는
없는 것이다.

검소하고 절약하는 생활이 자식의 정서를 확충하는 본원이 되며,
사치하고 방종한 생활은 패덕(敗德)의 원인이 된다.

정관정요(貞觀正要) ■

　우리 생활에서 참으로 바른 판단을 가지지 않으면 안 될 것이 소비의
형태다. 언제부턴가 우리는 [소비가 미덕]이라는 말을 서슴지 않고 하는
시대에 살고 있다. 그러나 과연 소비가 미덕일까? 이 말은 인간의 욕구와
허영심을 충동시켜 주는 것일 뿐이다. 오히려 이런 구호를 통한 상술이
아닌가 의심해 볼 필요가 있는 것이다. 소비란 욕구 충족을 위해 재화를
소비하는 일이다. 우리는 소비를 잘 하고 있는가에 대해서 반성하며 살
필요가 있다.
　검소하고 절약하는 생활을 해야 한다는 것은 인색하게 살기를 요구하
는 것도 아니며, 재화를 모으기만 해서 부유한 수전노가 되어야 한다는
것도 아니다. 필요하지 않은, 혹은 바람직하지 않은 일에 재화를 낭비해
서는 안 된다는 말이다. 검소하고 절약해야 행복의 길에 들어설 수 있다
고 보기 때문이다.

　유림공의(儒林公議)라는 책에서는 검소하고 절약하며 살아야 하는 까
닭을 다음과 같이 쓰고 있다.

　검소하면 항상 만족하게 되고 항상 만족하면 생활이 즐거우면서도 뭇
사람들의 칭찬을 듣게 되어 재앙도 멀리 달아난다. 사치하면 항상 만족하
지 못하고 항상 만족하지 못하면 생활이 우울하면서도 뭇사람들로부터
비방과 미움을 사게 되어 행복도 멀리 달아난다.

성실함이란 인간이 갖는 가장 고상한 것이다.

G. 초서

초서는 [영국 시의 아버지]라고 불리는 시인이다. 그의 유명한 [캔터베리 이야기(The Canterbury tales)]는 그가 죽을 때까지 계속 집필하여 당대 영국 사회를 대상으로 그 자신의 사회·인생의 깊은 체험을 기술, 방언 투성이인 중세 후기 영어에 일정한 문학적 표준어를 주어 통일된 영어의 기초를 세웠다. 또한 상대(上代) 영시(英詩)의 두운법을 떠나 프랑스 풍의 운율법을 영시단에 확립한 것은 비길 데 없는 큰 공적이다. 이로부터 영문학이 유럽 대륙 문학과 밀접한 접촉을 가지고 대륙의 사조와 더불어 움직이기 시작했다. 이런 업적을 남긴 시인 초서가 성실을 인간이 가지는 가장 고상한 것이라는 말은 그 의미를 더욱 깊게 한다. 이 고상한 성실을 B. 프랭클린의 말을 빌려 정리하기로 한다.

그대의 마음속에 식지 않는 열과 성의를 가져라!
당신은 드디어 일생의 빛을 얻으리라!
정직과 성실을 그대의 벗으로 삼으라!
아무리 친한 벗이라 하더라도 그대 자신으로부터 나온
정직과 성실만큼 그대를 돕지는 못하리라.
남의 믿음을 잃었을 때 사람은 가장 비참한 것이다.
백 권의 책보다 단 한 가지의 성실한 마음이 사람을
움직이는 데에 있어서 보다 큰 힘이 될 것이다.

이 말들을 통해서 성실은 가장 고상하고 가장 큰 힘이 되는 것을 깨달을 수 있다.

•지혜보다
밝은 눈이
어디있으랴

지혜를 짜내려고 애쓰기 보다는 먼저 성실하라! 사람이 지혜가
부족해서 일에 실패하는 일은 적다. 사람에게 늘 부족한 것은 성
실이다. 성실하면 지혜도 생기지만 성실치 못하면 있는 지혜도
흐려지는 법이다.

디즈레일리 ■

　성실이란 거짓 없고 참됨이라는 말이다. 이 말은 성실하면 실패하지 않
는다 라는 말과 통한다. 조금만 깊이 생각해보면 이 말은 매우 설득력이
있다. 거짓 없고 참되다는 말에는 어떤 일에 접근하면서 먼저 요령을 생
각하고, 더 쉬운 방법을 생각하는 것이 아니라 그 일의 본질을 알고 정성
을 다 바쳐 접근하는 것을 말한다. 그렇게 하면 그 일에 대한 지혜가 생기
고 반드시 성공을 불러온다.

　R. 마르탱 뒤 가르는 그의 [티보家의 사람들]에서

　성실할 것! 모든 일에,
　그리고 어느 경우에 있어서도 언제나 성실할 것,
　이 생각이 나를 꼭 붙들어 놓아주지를 않는다.

라고 쓰기로 했다. 로마의 초대 황제 아우구스투스도 성실에 대하여 다음
과 같이 말했다.

　사람은 성실할수록 자신을 얻게 된다. 성실해질수록 태도가 안정되어
진다. 성실하면 성실할수록 정신을 자각하게 된다. 하늘 땅 앞에 자기가
엄연히 존재하고 있다는 관념은 성실할 때 비로소 얻어지는 자각이다.

내일 세상이 멸망할지라도 나는 오늘 한 그루의 사과나무를 심겠다.

B. 스피노자 ■

스피노자의 성실한 정신을 잘 나타내주는 말이다. 이 말의 진정한 의미를 스피노자의 삶 전체를 통해 알아보자.

스피노자는 종교상의 박해로 이주해온 유대인이 조상인 상인의 아들로 암스테르담에서 출생, 유대인 학교에서 헤브라이어와 탈무드 · 성경 등을 배우다가 교리에 대한 의혹이 생겨 성경을 비판함으로써 교회 지도자들을 당혹시키고 여러 번 함구할 것을 조건으로 좋은 대우가 제시되었으나 이를 거부, 교단으로부터 가혹한 박해를 받았다. 저주와 박해가 계속되는 가운데 그는 여러 도시를 전전하며 하숙집에서 안경알을 갈아 생활하면서 1660년 [지성개조론]을 썼다. 1670년에는 [신학 정치론]을 익명으로 출판했는데 신을 모독하는 책이라는 비난을 받았다. 필생의 저작인 [윤리학]은 1675년 완성됐는데, 기하학의 논증법을 응용, 윤리학을 정리(定理), 공리(公理), 계(係) 등으로 체계를 지운 것이었으나 생전에는 출판되지 못하였다.

그는 스콜라 철학, 르네상스의 철학을 연구하여 영향을 받았으나 그 물심이원론(物心二元論)을 배격하고 사물을 영원의 상(相) 아래에서 인식할 것을 주장, 심적 사유와 물적 연장이 유일한 실체인 신의 속성의 일부분이라는 범신론을 전개했다. 만년에는 종교적 박해에도 불구, 저서가 알려지고 이해자가 속출, 하이델베르크의 교수직을 비롯한 호의적인 제안이 있었지만 안경알 가는 것에 만족, 사양하고 평생을 독신으로 지내다가 1677년 [국가론]을 최후의 저서로, 하숙집 쓸쓸한 다락방에서 44세의 고고한 생애를 마쳤다.

•지혜보다
밝은 눈이
어디있으랴

행복은 자기 안에 있다.

A. M. S. 보이러우스 [철학의 위안]에서 ■

　행복하기 위해서는 행복이 어디에 존재하는가를 아는 것이 제일의 일일 것이다. 이와 같은 뜻의 명언은 많이 있지만 소크라테스의 다음 말로 이해하기로 하자.

　행복을 자기 자신 이외의 것에서 발견하려고 바라는 사람은 그릇된 사람이다. 현재의 생활 또는 미래의 생활, 그 어느 것에 있어서나 자기 자신 이외의 것에서 행복을 얻으려는 사람은 그릇된 사람이다. 불행을 겁낼 때 당신은 이미 불행하다. 불행을 가져야 할 자는 영구히 불행을 겁내고 있는 자 뿐이다. 나는 생각한다. '잘 되겠다고 노력하는 그 이상으로 잘 사는 방법은 없으며, 그리고 실제로 잘되어 간다고 느끼는 그 이상으로 큰 만족은 없다.'라고, 이것은 내가 오늘까지 살아오며 경험하고 있는 행복이며, 그리고 그것이 행복인 것은 내 양심이 증명해 주고 있는 것이다.

　행복이 자기 안에 있음이 분명히 드러난다. 따라서 행복을 먼 곳에서 찾는 것은 어리석은 일이다. 다음의 명언들이 확인한다.

　행복이란 우리 집의 길가에서 자라는 것이지 남의 정원에서 따오는 것은 아니다.　　　　　　　　　　　　　　　　　　　　 -P. 제랄디-

　행복은 자기 분수를 알고, 사랑하는 것이다.　　　　　　　　-R. 롤랑-

　인간만이 자신의 행복을 창조한다.　　　　　　　　　　 -A. P. 체호프-

행복은 바로 삶 속에 존재한다. 그것은 바로 지금 발견하는 자에게만 존재하는 것이다.

박목월 [행복의 얼굴]에서 ■

모든 사람들이 찾아 배회하는 행복은 우리 곁은 떠나있는 것이 아니라 바로 우리 삶속에 있는 것이다. 박목월 시인의 말을 더 따라가 본다.

내게 행복이란 바람이나 향기로써 '코가 아는 세계' 이며, 소리로써 '내 귀가 아는 세계' 이며, 광명으로써 '눈이 아는 세계' 이며, 붓으로써 '시가 아는 세계' 이다. 그 밖에 내가 행복이라 생각하는 것이 있다면, 그것은 이미 삭아진 것이나 굳어버린 '행복' 그것이 아닌 것이다. 나는 삶을 무슨 목적으로 굳어버린 벽돌과 같은 것으로 생각하지 않는다. 그것은 시시각각으로 출렁거리는 감정과 함께 있는 것이며, 행복도 이 출렁거리는 것 안에 어리는, 그야말로 하나의 빛나는 무지개라 믿기 때문이다. 또한 나는 시를 쓰는 사실 안에서도 시를 쓰는 행복을 느끼는 것이며, 시를 못 써서 괴로울 때도 시를 못 쓰는 괴로운 행복을 느끼는 것이다.

시인인 박목월 뿐만 아니라 소설가 장덕조도 소설에서 같은 견해를 밝혔다.

인간의 행복이란 물 위에 둥둥 떠있는 물풀같이 허황한 것이 아니라 슬픔과 고난의 바다를 지나 그 바다 속 깊숙이 잠겨있는 진주와 같은 것이다. 진주와 같은 행복을 따기 위해서 깊은 슬픔의 바다 속에 갖은 고난을 헤치면서 잠겨 들어가야 한다.

행복을 한 입 크게 물려면 소화할 수 있는 위장을 지녀라.

발타자르 그라시안 ■

　행복도 자기가 관리할 수 있어야 한다. 제 스스로 관리할 수 없는 행복은 자기 것이 될 수 없기 때문이다. 그러면 행복을 관리하기 위해서는 어떻게 해야 하는가? 발타자르 그라시안이 말하는 소화할 수 있는 위장이란 무엇인가?

　이 두 가지 의문을 한꺼번에 설명해 줄 수 있는 말이 있을까를 생각하다가 필자는 "큰 마음"이란 말을 떠올린다. 그렇다, 그것은 분명히 큰 마음이다. 크게 생각해야 크게 얻을 수 있고 큰 용기가 있어야 큰 일도 할 수 있다는 쪽으로 해석이 가능하다.

　위에 인용한 말의 설명을 발타자르 그라시안 문법으로 읽어보고 우리의 해석과 견주어 보자.

　커다란 행운은 그를 감당할 수 있는 사람에겐 당혹스런 일이 아니다. 어떤 이의 배를 채워주는 것에 다른 이는 여전히 배고파 한다. 천성이 소심하여 좋은 음식을 소화할 수 없는 사람이 많다. 그들은 높은 관직을 위해 태어나지도, 그를 위해 교육받지도 못한 것이다. 그들은 위산과다를 일으키며 걸맞지 않은 영예가 뿜어내는 향기에 어지러움을 느낀다. 높은 곳에선 떨어질 위험이 있는 것이다. 그들에겐 행운을 위한 공간이 없기에 착륙하고 싶어한다. 그러나 위대한 사람에겐 더 큰 것을 받아들일 공간이 남아있다. 그리고 소심함을 보이지 않도록 언제나 주의를 기울인다.

남을 행복하게 할 수 있는 자만이 또한 행복을 얻는다.

플라톤 ■

어떻게 해야 행복해질 수 있느냐? 하는 질문에 대한 답이라고 볼 수 있다. 그 대답은 단 하나일 수는 없지만 어떻게 해야 행복해질 수 있는지에 대한 명쾌한 대답이다. 이 사실은 다음의 명언들이 증명한다.

인간 최대의 행복은 날마다 덕에 대해서 말을 주고받는 것이다. 혼이 없는 생활은 인간에 값하는 생활이 아니다.

-소크라테스-

행복하게 되기 위해서는 두 가지 길이 있다. 욕망을 줄이거나 소유물을 늘이거나 하는 것이다.

-프랭클린-

행복은 애타심에서 태어나고, 불행은 자기 본위에서 태어난다.

-석가모니-

안일을 바라는 마음을 버리지 못하는 사람은 결코 행복을 차지 할 수 없다.

-M. E. 에션바흐-

만약 행복을 얻고자 하거든 숲 속에서 버섯을 찾듯 먼저 행복을 찾아야 한다. 그리고 그것을 찾거든 독버섯인가 아닌가를 잘 조사하여야 한다.

-M. 고리키-

행복이란 인생을 시인하는 유일한 것이다. 행복이 이루어지지 않는 곳의 인간의 존재란 미치고 불쌍한 한낱 실험에 불과하다.

-G. 산타야나-

지혜보다 밝은 눈이 어디있으랴

인생에 있어서 성공하려거든 견인불발(堅忍不拔)을 벗으로 삼고, 경험을 조언자로 하며, 주의력을 형으로 삼고, 희망을 수호신으로 하라.

T. A. 에디슨 ■

성공을 원하는 사람은 벗과 형, 그리고 조언자와 수호신으로 견인불발(굳게 참고 버티어 마음이 흔들리거나 마음을 빼앗기지 말아야 하는 것)과 주의력, 경험과 희망을 갖추어야 한다는 말이다.

이 같은 견해를 보이는 선인들의 말은 다음과 같은 것들이 있다.

성공하는 사람은 송곳처럼, 어느 한 점을 향하여 일한다.

−보비−

성공의 비결은 그 지향하는 것이 일정하고 변하지 않는 데에 있다. 사람들이 성공 못하는 것은 처음부터 끝까지 외곬으로 나아가지 않았기 때문이지 성공의 길이 험악해서가 아니다. 한마음 한뜻은 쇠를 뚫고 만물을 굴복시킬 수 있다.

−디즈레일리−

성공의 비결은 뜻의 일정불변에 있다.

−비콘스필드−

인간은 무한한 열정을 품고 일에 임하면 거의 성공하는 것이다.

−C. 슈와브−

이 세상에서 성공하려면 힘이 나도록 격려하고, 죽을 때까지 팔에서 칼을 놓지 않아야 한다.

−볼테르−

시도(試圖)가 없는 곳에 성공은 없다.

H. 넬슨 ■

무엇을 해보지도 않고서는 성공도, 실패도 해볼 수 없는 것이다. 이 말을 정확하게 하기 위해서는 '콜럼버스의 달걀' 이야기가 적절할 것 같다. 콜럼버스의 달걀이란 말은 처음에 행하는 것은 어렵지만 남이 한 뒤에 하는 것은 쉽다는 뜻으로 쓰인다.

1492년, 콜럼버스가 아메리카 대륙을 발견하고 돌아왔을 때 그의 폭발적인 인기를 시기한 사람들이 어느 연설에서 이렇게 말했다. "항해의 성공이란 것은 대단치 않다. 배를 서쪽으로 나아가게 해서 우연히 부딪쳤을 뿐이 아닌가?"

그러자 콜럼버스는 테이블 위에 있던 달걀을 집어 이것을 세워 보라고 했따.

그 자리에 있는 모든 사람들이 세우려고 했지만 달걀은 서지 않았다.

콜럼버스는 달걀의 밑을 조금 깨뜨려 달걀을 세웠다. 그렇게라면 누구라도 세울 수 있다고 말하자, 콜럼버스는 이렇게 말했다.

"하지만, 아무도 그렇게 하지 않았소, 이번 항해도 마찬가지요, 처음 생각한 것을 실행하는 것이 중요하지요."

이 이야기를 통해서 우리는 무엇이든지 처음 해보는 것이 중요하다는 사실을 깨우칠 수 있다. 성공하기 위해서는 무슨 일이든지 시작해야 한다. 그것이 성공의 첫째 조건이다.

지혜보다
밝은 눈이
어디있으랴

성공은 결과지 목적은 아니다.

G. 플로베르 [수상]에서 ■

　성공은 열심히 노력한 결과로 얻어지는 것이다. 위대한 사람들의 성공은 그가 성공을 위해 열심히 일한 것이 아니라, 그 일을 열심히 하는 과정에 보람이 조금씩 쌓여 크게 성공한 것이다. 이런 견해는 초등학교 중퇴자로 발명왕이 된 T. A. 에디슨의 다음 말에서도 밝혀진다.

　성공이란 그 결과로 측정하는 것이 아니라, 그것에 소비한 노력의 총계로 따져야 할 것이다.

　미국의 철강왕이라고 불리는 A. 카네기도 성공의 비결에 대해 어떤 때라도 전력을 다하는 것이라고 다음과 같이 말했다.

　성공에는 아무런 속임수도 없다. 나는 다만 어떠한 때이고 나에게 주어진 그 일에 전력을 기울여 왔을 뿐이다. 그렇다, 보통 사람보다 약간 더 양심적으로 노력해 왔을 뿐이다.

　이와 같은 명언들에서 알 수 있듯이 성공은 성공 그 자체가 목적이 아닌 것이다. 자기가 하는 일에 온갖 정성을 다할 때 성공이 제 발로 걸어오는 것이다.
　그리고 H. D. 소로가 말하는 "자기가 하는 일에서 최대한의 기쁨을 얻을 수 있는 사람만이 그 사업에서 성공했다고 할 수 있다."라는 것처럼 자기 일에서 기쁨을 찾을 수 있어야 한다. 자기 일에서 기쁨을 찾지 못하면 그 일에 전심전력하기 어렵기 때문이다.

성공의 비결은 남의 험담을 결코 하지 않고 장점을 들추어 주는 데 있다.

프랭클린 ■

벤저민 프랭클린은 미국의 정치가·저술가·과학자로 유명하다. 정치적으로는 독립 선언 기초 위원, 대륙회의 대표 등의 활동을 했고, 저술가로서는 [가난한 리처드의 책력]을 비롯하여 그의 [자서전]은 문학적으로도 높이 평가된다. 그리고 과학자로서의 활동은 피뢰침을 발명한 것이 유명하다. 따라서 그의 삶은 성공적이었다고 평할 수 있어 그의 말에 신뢰가 간다. 그의 다음 말들을 더 들어보자.

사람은 누구나 성공하고 싶어한다. 어떤 사람에게는 그것이 하나의 병과 같이 되어 자나깨나 염두에서 떠나지를 않는다. 성공하기란 그렇게 어려운 것이 아니다. 다만 그 방법을 그르치기 때문에 성공을 못하는 것이다. 성공병 환자들은 대개 남의 성공을 시기하는 마음이 강하다. 시기하는 끝에 욕하고 중상을 하게 된다. 이런 방법으로는 절대로 성공하지 못한다. 또 자기 능력이나 실력을 생각하지 않고 단숨에 2단 3단 뛰어오르려는 사람도 성공하지 못한다. 일시적인 성공은 있을지 모르나 머지않아 떨어지고 말 것이다.

따라서 성공을 하려면 남을 밀어젖히지 말고, 자기 힘을 스스로 측량하여 무리하지 말아야 한다. 그리고 자기가 뜻을 둔 일에는 한눈 팔지말고 묵묵히 해 나가야 한다. 지극히 평범한 말 같지만 오로지 이것만이 성공으로 갈 수 있는 길이다.

•지혜보다
밝은 눈이
어디있으랴

99퍼센트는 땀, 나머지 1퍼센트는 인스피레이션(Inspiration : 영감(靈感)) 이다.

T. A. 에디슨 ■

　발명왕이라고 불리는 에디슨의 유명한 말이다. 인간의 모든 성공은 노력에 따르는 것이라는 사실을 말해주는 것이다. 노력하지 않고 성공을 바라는 것은 있을 수 없는 일이다.
　이와 꼭 같은 표현으로 세계적인 영국의 희극배우 채플린은

　99퍼센트까지는 노력, 1퍼센트가 재능이다.

　라고 했다. 널리 알려져 있는 일이지만, 채플린은 1913년 할리우드에 들어간 뒤부터 가난한 민중의 정의감과 비애감에 바탕을 둔 풍자 희극으로 전세계 민중의 마음을 사로잡아, 20세기 전반의 영화계를 대표하는 위대한 존재로 알려졌다. 그러나 그는 인도주의적, 반전(反戰)적인 작품 제작과 자본주의 사회악에 비판적이었기 때문에 1952년이래 미국의 입국 거부로 스위스에서 거주했다. 그러나 그는 1975년 2월 영광스러운 서(sir)의 칭호를 받았다.
　따라서 채플린은 참으로 성공적인 삶을 산 것이다. 그가 희극으로 보여준 세상 풍자를 많은 사람들이 그가 타고난 재능이라고 보았지만, 그 스스로는 그런 그의 재능을 1%에 불과하고, 그 나머지 모두를 그의 노력에 의한 것이라는 사실을 말하고 있는 것이다.
　이런 사실을 통해서 참으로 진부하기까지 하지만 오로지 노력하는 것만이 인생을 성공적으로 이끄는 유일한 방법임을 알아야 하겠다.

건강은 참으로 귀중한 것이다. 이것은 실로, 사람들이 그 추구를 위하여 다만 시간뿐 아니라 땀이나 노력이나 재보까지도, 아니 생명까지도 소비할 값어치가 있는 유일한 것이다.

몽테뉴 [수상록]에서 ■

　　건강의 중요성을 다시 말한다는 것은 어리석기까지 하다. 그러나 실제의 생활에서 건강의 중요성을 인식하고 있는 것에 비해 실천은 잘하지 못하고 있다. 건강관리에서 가장 중요한 것은 합리적인 식사다. 미국 국립보건원은 각종 암의 40%, 심장병의 60% 이상이 잘못된 식사에서 비롯된다는 경고를 하고 있다.

　　그런데 94년 7월 보건복지부가 발표한 우리나라의 [국민영양조사] 결과에 따르면 국민의 42.8%가 잘못된 식생활을 하고 있는 것으로 드러났다. 영양 부족이 31.9%이고 반대로 영양 과다가 10.8%에 이른다는 것이다.

　　영양 부족의 경우 절대 빈곤으로 인한 경우보다 바쁜 도시 생활에 따라 식사거르기나 지나친 다이어트가 주원인이고, 영양 과다는 지나치게 많은 영양을 섭취 비만지수(BMI : 몸무게의 kg수치를 m로 표시한 신장의 제곱치로 나눈 것) 25.1 이상의 비만증을 가진 사람을 말한다.

　　몽테뉴의 말마따나 "생명까지도 소비할 값어치가 있는 유일한 것"인 건강을 지키기 위하여 93년 10월 보건복지부가 발표한 [국민건강수칙 8개 항]인 ①청결의 생활화 ②음식을 싱겁게 골고루 ③예방접종과 건강진단 때맞춰 받기 ④과음을 피하고 금연하기 ⑤규칙적 운동 ⑥일하며 보람 찾고 즐거운 마음 갖기 ⑦공공질서 준수와 안전사고 예방 ⑧아껴 쓰고 적게 버려 건강한 환경 만들기를 되새겨 봄직하다.

• 지혜보다
밝은 눈이
어디있으랴

첫 번째 재산은 건강이다.

에머슨 ■

에머슨은 사상가이며 시인이다. 8세 때 목사인 아버지를 여의고 고학으로 하버드 대학을 졸업하고 보스턴 제2교회 목사가 되었으나 사랑하는 아내가 죽은 후 종교에 회의를 느껴 사임한 후 유럽 여행을 다녀와 콩코드에서 살았다.

그는 체계를 경시하는 직관적인 사상가로서 동양 사상에 심취했으며 인격의 존엄과 범신론적인 신비주의로서 청교도적인 부정적 인간관을 버리고 긍정적인 인간관을 가졌다.

[콩코드의 철인(哲人)]으로 불리며 그의 시도 철학적 상징시의 걸작이었다. 에머슨의 자연과 인간 그리고 신의 관계를 담은 다음의 말도 널리 알려진 말이다.

자연은 신의 의지를 반영한 것이며, 인간도 각각의 내재하는 빛대로 움직이면, 신이 가리키는 진리에 도달할 수 있다.

고 했다.

이 같은 낙천주의적 성격의 에머슨이 첫 번째 재산은 건강이라고 했던 것이다. 이런 의미의 말을 플라톤도 [법률]에서,

재산이란 건강, 미모, 부의 순이다.

라고 밝힌 바 있다. 영국에는 '건강보다 나은 부(富)는 없다.' 라는 속담이 있다.

건전한 정신은 건전한 신체에 머문다.

유베날리스 [세계문화사 로마편] ■

건강하다는 것은 아름다운 것이다. 아리스토텔레스는 그의 [수사학(修辭學)]에서 "건강은 가장 자랑할 만한 육체의 아름다운 특질이다."라고 말하기도 했다.

몸이 건강하지 않고는 아무 일도 할 수 없다는 측면에서 보면 건강의 중요성은 아무리 강조해도 지나치지 않는 것이다. 건전한 정신이 건강한 육체에서 나온다고 하는 말이 많은 사람들에게 감명을 주는 것도 바로 이런 이유에서다.

베이컨 같은 철학자도 그의 [학문의 진보]에서 "건강한 몸은 정신의 사랑방이며, 병든 몸은 감옥이다."라고 같은 뜻의 말을 남겼고, 미국의 독립선언문 기초자로 유명하고 제3대 대통령을 지낸 제퍼슨은 "배우지 못한 가장 무식한 사람도 병약한 지식인보다 행복하다."고 하며 건강의 중요성을 일깨우려고 했고, 독일의 염세주의 철학자 쇼펜하우어는 "어리석은 일 중에 가장 어리석은 일은, 어떤 이익을 위하여 건강을 희생하는 것"이로고도 했다.

1925년 노벨상 수상 작가인 영국의 버나드 쇼는 "건강한 육체는 건전한 마음의 생산물이다."라고 하여 건전한 마음의 우위를 지적하기도 했다. 이와 같은 견해로는 "건강한 신체 컨디션의 문제가 아니라 마음의 문제이다."라고 하는 말도 있다.

건전한 정신과 건강한 육체의 문제는 그 어디에 무엇이 싸여있는 것이 아니라 정신과 육체의 조화라고 보는 것이 옳을 것이다. 육체와 정신의 조화 속에서만이 건전한 건강이 존재할 수 있으리라고 보기 때문이다.

•지혜보다
밝은 눈이
어디있으랴

삼정승 부러워 말고 내 한 몸 튼튼히 가져라.

한국 속담 ■

삼정승이란 영의정, 좌의정, 우의정을 말한다. 요즘 말로 하면 결국 권력을 잡는 것보다 건강에 힘써야 한다는 말이다. 예나 지금이나 권력을 잡는 것에 혈안이 되는 것을 좋게 느끼지는 않는가 보다.

영국에서도 건강의 중요성은 다음과 같은 속담으로 전해지고 있다.

다만 살고 있다는 것이 아니라, 건강한 것에 사는 의미가 있다.

사람은 성스럽기 전에 건강해야 한다.

건강보다 나은 부는 없다.

송건호는 [가장 확실한 자본]에서

있다가도 없고 없다가도 있을 수 있는 것이 자본이다. 그러나 영원토록 변함없는 자본은 자신의 건강이다. 건강을 잃으면 모든 것을 잃지만, 건강한 사람은 그 자체가 하나의 자본이며 가장 확실하고 안심할 수 있고 믿을 수 있는 자본을 가지는 것이다. 건강한 사람은 두려움이 없고, 두려움을 당해도 두려움으로 받아들이지 않는다. 의욕과 자신을 갖고 있기 때문이다.

라고 쓰고 있다. 그렇다, 건강만큼 확실한 자본은 없다.

손수 장작을 패라. 이중으로 따뜻해진다.

H. 포드 ■

미국의 '자동차왕'으로 불리는 헨리 포드가 성공한 후 자신의 건강 비법을 써서 응접실에 걸고
"이것이 나의 건강 비법이오."
라고 손님들에게 보였다고 하는데 그 비법이 위에 인용한 말이다.

헨리 포드, 16세에 기계공으로 일하기 시작하여 자동차와 인연을 맺었지만 근면과 창의적 연구에 의해 대기업의 기초를 굳힐 만큼의 재산을 모았으며, 1908년 근대적인 자동차 조립 라인의 채용과 대량 생산 방식을 도입하여 T형 포드차를 개발해서 일약 '자동차왕'으로 칭송받는 인물이 되었다.

그런 헨리 포드의 건강 비법이 장작을 패는 것이라는 것은 놀라움을 주기까지 한다. 헨리 포드가 살았던 시대 1900년대 초쯤에 장작패기는 번거로운 일 중의 하나였고, 하인들이 하던 일 중의 하나였다.

그러나 헨리 포드는 손수 장작 패는 일을 즐겁게 느꼈다. 장작을 패는 운동을 함으로써 육체를 단련시킴과 동시에 몸을 덥혔고, 또 그 장작으로 방도 따뜻하게 만들었다. 장작패는 일을 손수함으로써 건강을 유지하는 비법을 터득했던 것이다.

동양권에서의 사고는 천한 일이나 몸을 쓰는 일을 천시하는 경향이 있었으나 지금은 많이 달라졌다. 몸을 움직이지 않고 건강해질 수 없기 때문이다. 건강을 유지하기 위하여 일을 해야 하는 것이다. 영국의 경제학자 페티는 "건강은 노동에서 생겨난다."는 말을 남기기도 했다.

지혜보다
밝은 눈이
어디있으랴

선(善)을 주장하기 전에 먼저 건강과 조화를 존중할 줄 알아야 한다.

김동리 [행복론]에서 ■

~~~

선을 주장하기 위해 건강과 조화를 이룰 줄 알아야 한다는 말은 건강이 그만큼 중요하다는 말이다. 왜 그런가? 그 까닭을 김동리의 이어지는 글에서 찾아보자.

왜 그러냐 하면 선(善)을 표방하는 자는 대개 위선에 빠지기 쉽고, 그렇지 않으면 선악의 관념에 경화되기 쉽기 때문이다. 이에 비하여 육체 및 정신의 건강과 성격적인 조화를 힘쓰는 사람은 항상 천지와 자연의 대덕을 밟는 사람이므로 복락과 도덕이 함께 그를 지키려 하는 것이다.

라고 설명하고 있다.

육체 및 정신의 건강과 성격적인 조화를 이루어야만 행복할 수 있다는 말이다. 그러니까 선을 주장할 것이 아니라 정신과 육체가 건강하고 성격적인 조화를 이루는 그것이 인간이 자연의 순리를 따르게 되는 것이고, 이는 곧 도덕이라는 의미다. 이와 같이 건강을 지키는 일의 의미는 무한히 증폭될 수 있는 것이다.

작가 이병주도 [참다운 건강, 그리고 선]이란 책에서,

어떻게 세상이 변해 가치 체계가 전도되더라도 건강은 선, 불 건강은 악이란 관념만은 변하지 않는다.

고 하여 건강의 중요성을 말하고 있다.

머리는 차게, 발은 따뜻하고 밥은 양에 조금 덜 차게 먹어야 한다.

베르하이트 ■

'머리는 차고 다리는 따뜻하게 하라.' 는 영국 속담이 있다. 장수비결로 전해지고 있는 말이다. 같은 말이지만 네덜란드 의사 베르하이트가 남긴 이 말에는 다음과 같은 재미있는 이야기가 있다.

베르하이트는 임종시 700페이지에 달하는 그의 숨은 건강 비법이란 유서를 유족에게 남겼다. 가족들이 나중에 그 유서를 보니 699페이지가 백지고 최후의 한 페이지에 '머리는 차게, 발은 따뜻하게, 밥은 양에 조금 덜 차게 먹어야 한다.'

고 쓰여 있었다.

베르하이트 이렇게 699페이지에 달하는 백지를 둔 것은 마지막 페이지에 쓰인 그 말이 정말 중요하다는 사실을 강조하기 위해서 였을 것이다.

건강을 유지하기 위해서 인간이 취해야 할 행동들은 참으로 많고 갖가지 건강 유지법들이 소개되고 있지만 이런 방법으로 중요함을 강조한 것을 찾아보기는 쉽지 않다.

그러나 우리는 그런 말들을 다 기억하고 또 행동에 옮기기는 어렵다. 우리의 일생을 여기에 다 바쳐도 모자랄 것이기 때문이다. 그러나 건강 유지에 대한 큰 테두리의 명언 하나 쯤은 가슴에 새겨두고 또, 행동에 옮기도록 노력하지 않으면 안 된다. 건강을 잃는 것은 모두를 잃는 것이기 때문이다.

•지혜보다
밝은 눈이
어디있으랴

바커스는 넵튠보다 많은 사람을 익사시켰다.

유럽 속담 ■

바커스는 로마 신화에 나오는 술의 신이며 넵튠은 바다의 신이다.
'바커스는 넵튠보다 많은 사람을 익사시켰다.' 는 말은 술의 신이 바다의
신보다도 많은 사람을 익사시켰다는 말이 되는 것이다. 같은 뜻으로

　술의 신은 전쟁의 신보다 많은 사람을 죽인다.

는 속담도 있다.
　술을 많이 마시는 것이 얼마나 건강에 해로운 것인가를 말해 준다. 따
라서 과음의 해독을 경계해야 한다는 교훈을 주는 것이다.
　술, 술을 마시는 이유는 참으로 많다. 기쁜 일이 생기면 기쁘다고 마시
고, 슬픈 일이 생기면 슬프다고 마신다. 이런 저런 술을 마시는 이유는 헤
아릴 수 없이 많지만 가장 보편적인 이유로 스트레스를 풀기를 든다.
　스트레스(Stress), 우리말로는 몸에 해로운 육체적 · 정신적 자극이 가
해졌을 때, 그 생체가 나타내는 반응으로 풀이된다. 1936년 캐나다의 학
자 셀리에 박사가 제창, 1950년대에 널리 알려진 학설이다.
　현대 생활은 그야말로 스트레스의 원인이 되는 많은 일들이 있다.
　그렇지만 이 스트레스를 술로 풀어야 하겠다는 생각을 자주하면 건강
을 잃지 않을 수 없는 것이다. 바커스와의 교제에 열중하면 할수록 알코
올의 바다에 빠질 가능성은 높아지는 것이다.

더 이상 술잔에 손을 대지 말라. 가슴 속속들이 병들게 한다. 술의 향기는 죽음의 사자의 입김이요, 술잔 속에 나타나는 빛은 죽음의 사자의 흉한 눈초리다. 조심하라.

롱펠로가 술에 대해 경고를 한 것이다. 로마 속담과 탈무드에서 술이 어떻게 사람을 망쳐가는가를 알려주고 있다.

첫 잔은 갈증을 풀기 위해여, 둘째 잔은 영양을 위하여, 셋째 잔은 유쾌하기 위하여, 넷째 잔은 발광하기 위하여 마신다.

-로마 속담-

이 세상에서 최초의 인간이 포도씨를 심고 있었다. 악마가 거기에 다가와서 물었다.

"무엇을 하시오." "나는 훌륭한 식물을 심고 있지요." "이런 식물은 본 일이 없는데." "이것은 굉장히 달고 맛있는 열매가 열려 그 즙을 마시면 그대는 더 없이 행복해질 것이오." "그러면 나도 한 몫 끼어주시오." 하고 악마는 양과 사자와 돼지와 원숭이를 끌고 와서 이 네 마리를 죽여 그 피를 비료로 흘려 넣었다. 그리하여 포도주가 되었다. 이 때문에 처음 마시기 시작할 때는 양처럼 온순하고, 조금 더 마시면 사자처럼 사나워지고, 좀 더 마시면 돼지처럼 더러워진다. 너무 마시면 원숭이처럼 춤을 추기도 하고 노래를 하기도 하며 허둥거린다. 이것은 인간의 행위에 대한 악마의 선물이다.

-탈무드-

권력은 독이다.

H. B. 애덤스 ■

෨ර

　독(毒)은 건강이나 생명을 해치는 성분을 말한다. 건강과 생명뿐 아니라 사람의 마음이나 생활을 해치는 일도 독으로 표현된다. 권력을 독으로 정의하는 애덤스의 견해는 권력을 부정적으로 해석하는 것 중에서 최상급이라고 할 수 있는 것이다. 권력이 왜 부정적으로 해석되는 경우가 많은가 하는 것은 권력을 가진 사람들이 그 권력을 바르게 사용하기 보다는 그렇지 않게 사용하기 때문 일 것이다.

　사회나 국가가 지탱되기 위해서는 누군가가 그것을 관리하고 통제하고 조정해야 한다. 이 일을 맡은 사람이 권력자다. 이 과정에서 인간은 자기만을 생각하고, 자기 위주로 관리, 통제, 조정하게 된다. 그래서 권력에 대한 부정적인 견해가 지배적으로 형성되었다.

　J. 부르크하르트는 그의 [세계사적 고찰]에서,

　권력은 어떠한 자가 그것을 행사한다 해도 그것 자체에 있어서는 악이다.

라고 극단적으로 표현하기도 한다. W. 피트는

　무제한의 권력은 지배자를 타락시킨다.

고 하여 권력이 크면 클수록 타락의 가능성이 높다는 사실을 가르쳐주고 있다. 이처럼 권력은 애덤스의 표현처럼 독이라는 사실을 권력자들이 알아야 한다. 굳이 큰 권력이 아니라도 사람을 부리는 사람은 모두 이 사실을 깨달아야 한다.

권력의 본래 뜻은 보호하는 데 있다.

파스칼 [팡세]에서 ■

　권력의 본질을 잘 설명해주고 있는 말이다. 이 본질적 의미를 왜곡시킴으로써 권력은 타락하고 악을 낳는다. 따라서 권력에 대한 부정적인 생각을 하게 된다. 러시아 작가 도스토예프스키는 그의 명저 [죄와 벌]에서 권력을 생성에서부터 부정적으로 보고 있다.

　권력이라는 것은 다만 그것을 잡기 원해서 몸을 굽힐 수 있는 사람에게 주어지는 것이다. 거기에는 다만 한 가지, 한가지 밖에 없다. ─ 강행하면 되는 것이다.

　권력이란 무엇인가? 여기에 대한 견해는 매우 다양하다. E. 카네티가 [말의 양심]에서 쓴 글로 권력을 이해하자.

　권력의 본질적 내용은 가능한 한 많은 숫자의 사람들보다 더 오래 살아남으려는 욕망인 것이다. 진짜 권력을 쥔 자의 본래의 의도는 유일한 자가 되려는 괴상하고도 잘 믿어지지 않는 면에 있다. 그가 모든 사람들보다 오래 살아남으려 하고, 심지어는 대를 이어서라도 그렇게 되기를 바라기 때문에 어느 누구도 그보다 오래 살아남지를 못한다. 그는 어떤 대가를 치르더라도 죽음을 피하려 하기 때문에 그 자신을 죽일 수 있는 자는 아무도 존재해서는 안 된다. 어떤 사람이든 사람이 존재하는 한 그는 안전하지 못하다고 생각한다.

인간의 진실한 부(富)는 이 세상에서 행하는 착한 일이다.

마호메트 ■

이 말은 이슬람교의 성전 [코란]에 있다. 인간의 재산은 돈이 아니라, 그 사람이 살아가는 세상에서 행한 착한 일만이 진짜 재산이라고 가르쳐 주고 있다.

이 가르침이 세상에 널리 퍼져, 실천하는 사람이 많다면 세상은 얼마나 아름다운 것이 되랴! 이 세상은 돈이 전부인 것 같지만, 돈으로 바꿀 수 없는 것도 많다. 선한 일도 그렇지만, 위대한 사랑도 그렇다.

부(富)는 또 재산만을 의미하는 것은 절대 아니다. 선한 일도 부이지만 지식도 지혜도 모두 재산이다. M. K. 간디는 부에 대해서

우리의 부는, 물질은 물론이요 지식도 포함하는 것으로써, 그 자체를 얻는 데 있는 것이 아니라 우리 자신이 그것을 얻을 수 있게 되는 독립적 인 획득 수단들을 갖추는 데 있는 것입니다.

라고 하여 부의 범위를 확장시키고 있다. 이보다 더 넓은 의미의 부는

생명 이외의 부는 없다.   -러스킨(영국 평론가)-

만족은 천연의 재산이다.   -소크라테스-

라는 말들이 있다. 생명을 가진 것만으로도 부를 가졌다고 생각하면 우리 삶이 부만을 쫓지 말아야 한다는 것을 알 수 있다.

부는 분뇨(糞尿)와 같다. 그것이 축적되어 있을 때에는 악취를 풍기고 뿌려졌을 때는 흙을 기름지게 한다.

L. N. 톨스토이 ■

부를 어떻게 해야 하는 가에 대한 가르침이다. 부는 그것이 잘못 사용되면 악이 되고 추함이 된다. 그래서 미국 시인 R. W. 에머슨은

마음이 풍요롭지 못하면 부는 추악한 거지에 지나지 않는다.

고 경고하고 있으며, 성서의 누가복음에도,

재물이 많은 사람이 하늘나라로 들어가는 것이 얼마나 어려운 일인지 모른다. 부자가 하늘나라에 들어가는 것보다 낙타가 바늘귀를 빠져나가는 것이 더 쉬울 것이다.

라고 쓰고 있다. 뿐만 아니라 미국 철강왕 A. 카네기도,

부의 축적은 최악의 우상 숭배다. 그보다 더 천한 우상은 없다.

고 했고, F. A. 베벨도

부가 증가하면 미덕은 곧 줄어든다.

고 하였다. 따라서 부는 풍요한 마음으로 뿌려져야 하는 것이다.

지혜보다
밝은 눈이
어디있으랴

부가 인간을 위해서 존재하는 것이지 인간이 부를 위해서 존재하
는 것이 아니다.

E. 프롬 [자유로부터의 도피]에서 ■

　부는 인간을 위해 존재해야 한다. 그러나 오늘날 세계는 부를 위해 존
재하는 이른바 소유의 역전 현상이 일어나고 있다. 인간의 삶이 오직 부
를 위한 것인 것처럼 말이다. 이런 현상에 대해 위에 인용한 말을 쓴 E.
프롬은 다음과 같은 처방을 내린다.

　경제적 이익이 진실된 인간사를 방해함이 없도록 언제나 제한과 속박
과 경고가 내려져야 한다. 인간이 자기 신분에 알맞은 생활을 위해 필요
한 부를 추구하는 일은 정당하다. 그러나 그 이상을 추구하면 이는 사업
이 아니라 탐욕이 되며, 그리고 이 탐욕은 결정적인 죄악이 된다.

　따라서 인간은 부가 인간을 위해 존재하도록 애써야 한다. 노래 [고향
의 봄]으로 유명한 우리나라의 아동문학가 이원수도 [젊은이여 부를 멸시
하라]라는 글에서

　만인이 다 바라는 부귀가 비록 한때의 현상이라 하더라도 비천한 것으
로 보아야 하고 멸시해야 한다는 것은 서글픈 일이다. 그러나 왜 이런 생
각을 하게 하는가? 그 대답은 간단하다. 오늘의 대다수 사람들이 자기의
부를 이루는 과정과 방법이 도덕적인 데서 멀리 떨어져 있기 때문이다.

라고 썼다. 인간을 위해 존재하는 부, 그것은 도덕적이어야 한다.

부자가 그 부를 자랑하더라도 그 부를 어떻게 쓰는가를 알기 전에는 그를 칭찬해서는 안 된다.

소크라테스 ■

부가 어떻게 쓰이는가에 따라 부의 의미는 달라진다. 따라서 진정한 의미의 부는 바르게 쓰여야만 부가 될 수 있다. 이 사실을 [세계예화집]의 다음 이야기를 통해 이해하도록 하자.

텍사스의 대석유 사업가가 트루엣 박사를 자기 집으로 초대해 저녁 대접을 했다. 식사가 끝난 후 그는 자기의 많은 재산을 자랑하고 싶었다. 먼저 옥상으로 가서 거대한 석유탑을 가리키면서 말했다.

"트루엣 박사님, 저것이 모두 제 것입니다. 나는 25년 전 맨 손으로 이 나라에 왔지만, 이제는 저렇게 끝도 없는 유전탑을 지니게 되었습니다."

그리고는 동쪽으로 가서 수많은 가축떼를 가리키면서,

"저것도 전부 제 것입니다. 박사님이 지금 보시는 모든 것이."

그는 또 서쪽으로 가서 넓은 처녀림을 가리켰다.

"저것도 모두 제 것입니다. 25년 전 나는 무일푼이었지만 열심히 일하고 저축해 이렇게 많은 것을 갖게 되었습니다."

그는 트루엣 박사에게서 칭송을 듣고 싶었으나 아무 말이 없었다. 잠시 후 트루엣 박사는 석유 사업가의 어깨에 손을 얹고 하늘을 가리키면서 말했다.

"친구여, 이 방향으로는 가진 게 얼마나 있소?"

부자가 부끄러워 고개를 숙이면서 말했다.

"그 점은 생각해 보지 않았습니다."

부(富)는 바닷물과 같은 것, 많이 마시면·마실수록 갈증을 느낀다.

쇼펜하우어 ■

　이 말은 돈이란 것은 갖고 싶다고 원하면 원할수록 더 갖고 싶어지는 것으로 끝이 없다는 뜻이다. 따라서 적당한 선에서 만족하지 못하면 일생을 망치는 결과를 초래할 수 있기 때문에 절제해야 한다는 뜻의 말이다.

　오늘날 우리 사회는 이런 현상을 자주 본다. 욕심을 부리다가 일생을 비참하게 만드는, 이를테면 거액의 뇌물을 받은 고위 공직자의 말로(末路), 돈을 아끼려 부실 건물을 짓는 건축업자 등 부지기수다. 그 원인은 모두 돈을 너무 가지려고 했기 때문이다.

　위에 인용한 말을 한 쇼펜하우어는 염세주의 철학자다. 그가 염세적 철학관을 갖게 된 것은 33세에 베를린 대학의 강사가 되었지만, 자신과는 대조되는 생각을 가진 헤겔에 대한 평판이 높았으므로 그 자리에서 물러나 평생을 야인으로 살았다. 그래서 그는 인간은 모두 의지를 가지고 살지만, 그 의지는 언제나 무엇인가에 의해 저지되게 마련이므로 삶은 고통이며 인생은 비극이라고 주장하기에 이르렀다.

　그런 쇼펜하우어도 돈에 상당히 집착해 있었는데, 어떤 사람이 그에게 "그렇게 돈에 집착하다니 철학자답지 않군요."라고 했더니 그는 "나에게 돈을 벌 수 있는 재능이 조금도 없다는 것을 알고 있기 때문에, 하다 못해 사용하는 쪽을 신중히 하고 있을 뿐이요."라고 대답했다는 에피소드가 있다. 그의 이런 인식은 부에 대한 위의 말과 함께 우리에게 교훈을 주기에 충분하다.

명예 있는 죽음은 불명예의 삶보다 낫다.

　명예가 얼마나 소중한 것인가를 적극적으로 설명하는 말이다. 명예 없는 삶보다 명예 있는 죽음이 더 낫다는 말은 명예에 대한 최고의 해석이다.

　명예를 삶과 죽음에 연관시켜 해석하는 경우가 이 말 외에도 있는데, 이를테면 J. L. 롱은,

　살아서 명예를 지킬 수 없을 때는 명예와 함께 죽어라.

라고 했다. 이런 말들은 결국 명예를 갖고 또 지키는 것이 목숨과 바꿀 만큼 중요하다는 것이다. 그리스 철학자 헤라클레이토스는

　가장 훌륭한 사람은 모든 것을 버리고, 그 중에서 다만 하나를 선택한다. 영원한 명예를 취하고, 사멸해 버릴 것은 미리부터 버린다.

고 했다. 모든 것을 다 버리고 영원한 명예를 취하는 사람이 가장 훌륭한 일이라고 하는 것도 명예를 소중하게 생각하는 것에서 비롯되는 표현이다. 그 외에도 명예의 소중함을 표현하는 명언으로 다음과 같은 것들이 있다.

　명예는 죽지 않는다.　　　　　　　　　　　　　　　-호메로스-

　명예라는 보물은 황금을 능가한다.　　　　　　　　-프랑스 속담-

명예는 이를 피하는 사람에게 찾아오고 이를 추구하는 사람은 피한다.

독일 속담 ■

　명예는 참 소중한 것이지만 그것은 자기 스스로 추구한다고 해서 되는 일은 아니다. 사람이 명예를 얻기 위하여 애를 쓴다면 위에서 보는 독일의 속담처럼 피해가고, 나아가서는 오히려 불명예가 되는 경우가 있는 것이다. 영국의 문학가 사무엘 존슨은,

　자기를 위하여 완전무결한 명예를 얻으려 하는 사람은 도리어 그 명예를 손상시키는 법이다.

라고 하는 것 등에서 명예는 좋아서 될 것이 아님을 알 수 있다. 우리나라의 수필가 한흑구는 그의 [싸라기 말]에서

　명예는 자기 스스로가 얻을 수 있는 것이 아니라, 남이 씌워주는 월계관인 것이다.

라고 하여 명예만은 스스로 얻을 수 있는 것이 아님을 분명히 알려주고 있다. 따라서 명예를 좇아다니는 일은 한없이 어리석은 일이다. 중국 속담에

　명예심에 마음이 들뜬 사람은 평온에 대해서는 마음의 문을 닫는다.

고 하기도 했다. 명예, 소중하지만 내가 만들 수는 없다.

[명예를 가볍게 여기라]고 책에 쓰는 사람도, 자기 이름을 그 책에 쓴다.

M. T. 키케로 ■

이 말은 사람들이 명예에 집착하고 있음을 재미있게 풍자하고 있다. 이 책을 엮는 필자도 책에 이름을 쓰게 되어 있는데, 이 글을 읽는 마음이 그리 편하지 않다.

명예를 추구하는 사람은 많다. 아니 오히려 명예에 무관심한 사람은 거의 없을 것이다. 그러나 명예가 짐이 될 수도 있다. 명예를 지키기 위해서는 그만큼의 노력이 뒤따라야 하기 때문이다. 그런 사실을 단적으로 드러내는 말이 노블리스 오블리지(Noblesse oblige)란 말이 있는데 이는 높은 신분에 따르는 도덕상의 의무를 말한다. 명예에 관한 이 같은 부담을 언급한 명언들을 찾아보면,

명예란 의무를 뜻하는 것입니다. 최고 계층은 항상 자신의 명예와, 명예에 대한 신앙을 갖고 있습니다.
　　　　　　　　　　　　　-도스토예프스키 [가난한 사람들]에서-

커다란 명예는 커다란 부담이다.　　　　-사무엘 존슨(영국 문학가)-

명예를 지켜야 할 자리는 위험하여 항상 조심해야만 합니다.
　　　　　　　　　　-J. G. 홀랜드 [누구나 자기 자리가 있다]에서-

라는 말들이 있다.

이 말들은 결국 명예를 지니기가 그리 간단하지 않음을 강조하고 있는 것이다.

지혜보다
밝은 눈이
어디있으랴

명성을 얻고 이를 지켜라.

발타자르 그라시안 [세상을 보는 지혜]에서 ■

발타자르 그라시안 그의 [세상을 보는 지혜]에는 명성을 얻고 지키라고 권유하면서, 다음과 같이 말하고 있다.

명성을 얻기는 어렵다. 이는 탁월한 능력에서만 나오기 때문이다. 그리고 범용함이 흔한 만큼 탁월함은 드물다. 그러나 한번 얻은 명성을 지키기는 쉽다. 명성은 구속하지만 더 큰 효과를 발휘한다. 명성은 그 근원과 영역이 고귀하기에 숭배에까지 이르면 우리에게 위엄을 가져다준다. 그러나 현실에 근거한 명성만이 불멸의 지속을 누린다.

그라시안은 같은 책에서 이런 명성을 지키기 위해서 다음과 같은 권유를 하기도 했다.

명예를 둘러싼 소송을 피하라. 그것은 가장 조심해야 할 일 중의 하나다. 명예 소송은 더 좋지 못한 일을 야기하며, 이 때 명예는 쉽게 상처 받는다. 자기 자신의 성격 때문에, 또는 그가 속한 국민의 성격 때문에 쉽게 명예 소송을 걸고 또 받아들여 이런 일에 말려드는 사람이 있다. 그에 반해 이성의 빛을 받으며 거니는 자는 이런 일에 대해 더 오래 생각한다. 그는 이기는 것보다는 그 일에 연루되지 않는 것을 더 큰 용기라고 생각한다. 나서기 잘하는 바보가 언제나 있기 마련이지만, 현명한 자는 나 아닌 다른 사람이 되고 싶지 않다면 변명으로 그런 일을 피한다.

• 제3장 •

도착의 장

[도착의 장]으로 명명한 이 장에서는 삶의 마무리를 어떻게 해야 하는가에 대한 현인들의 지혜를 모아 해설하였다.

즉, 조화, 정심, 베풂, 예술 그리고 빼기엔 아까운 명언을 기타 항목으로 분류하여 엮었다. 이 [도착의 장]에 수록된 현인들의 지혜를 통하여 인간의 삶이 어떻게 아름답게 완성될 수 있는가를 생각하기로 하자.

아름다운 삶은 건강한 출발과 성실한 발걸음이 되었을 때 이루어지고, 삶에 대한 건강한 인식이 바탕이 되었을 때, 더욱 빛나게 된다. 그렇게 도착한 땅에는 안온이 있을 것이며, 위대한 삶이 남긴 향기는 시공을 초월하여 인류에 남게 될 것이다.

마음은 언제나 비워두지 않으면 안 된다. 비어 있으면 정의와 진리가 와서 함께 살게 된다. 마음은 언제나 채워두지 않으면 안 된다. 꽉 차 있으면 욕심이 들어오지 못한다.
(心不可不虛일지니 虛則義來居하고 心不可不實일지니 實則物慾不入이니라.)

채근담(菜根譚) ■

　다소 난해한 문장이다. 곰곰이 되씹어보면, 사람의 마음에 잡념이 없으면 마음속에서 정의와 진리가 자라게 되고, 사람의 마음이 정의와 진리로 가득 차 있으면 욕심이 비집고 들어오지 못한다는 뜻이다.
　이 말은 세간에 많이 쓰이는 '마음을 비운다.'는 말을 잘 설명해 주는 것인데, 이는 마음에서 잡념 즉, 욕심은 버리고 정의와 진리를 채운다는 뜻으로 이해하면 되겠다.
　이는 재산을 많이 가지는 것보다, 지식을 많이 갖는 것을 더욱 바람직하게 생각하는 동양 사상의 핵이 되는 것이다. 인간의 이상적인 가치를 추구하는 종교, 예술, 학문의 귀결점도 결국은 인간이 인간답게 살 수 있도록 하는 데 있는 것이라고 본다면, 이는 인류 최상의 목표라고까지 할 수 있는 것이다.
　이런 마음을 가지려면 무엇보다도 여유를 가질 수 있어야 할 것이다. 여유를 가지지 못하면 세상을 관조(觀照 : 지혜로써 사리를 비춰 봄)할 수 없고, 관조하지 않고는 진리와 정의에 접근할 수 없다.
　문명의 발달이 인간에게 속도가 중요한 의미를 갖게 하지만 속도만이 가치 있는 것이 아니라 깊은 성찰의 시간이 있어야 한다. 특히 마음 가꾸기에 이른바 속도를 중시하면 그것은 실패할 수밖에 없다.

지혜보다
밝은 눈이
어디있으랴

일만 알고 휴식을 모르는 사람은 브레이크가 없는 자동차와 같은 것으로 위험하기 짝이 없다. 또한 일할 줄 모르는 사람은 모터가 없는 자동차와 마찬가지로 아무 소용도 없다.

H. 포드 ■

헨리 포드, 미국 포드자동차 사장의 말이다. 휴식의 중요함을 자동차에 비유한 말이다. 일을 할 줄 아는 사람은 휴식할 줄도 알아야 한다는 것인데, 휴식을 모르는 사람을 브레이크가 없는 자동차, 그러니까 매우 위험한 것이라고 비유한 것이다. 휴식이 얼마나 중요한 것인가를 깨닫게 하는 예화 하나를 들어본다.

나이가 지긋한 중년의 남자와 젊은 청년이 벌목꾼으로 함께 일하게 되었다.
아침에 둘이서 벌목을 시작했다.
나이가 많은 사람은 힘이 들어 천천히 일을 했다.
50분 정도 일하고는 10분 정도 쉬곤 했다.
젊은이는 힘이 좋아서 그랬든지 부지런히 일을 했다.
저녁이 되었다.
두 사람은 잘라낸 나무들을 비교해 보았다.
젊은이는 깜짝 놀랐다.
나이가 많은 이의 것이 훨씬 더 많았기 때문이었다.
어찌된 영문인지를 몰라 묻는 젊은이에게 나이가 많은 사람이 이렇게 말했다.
"젊은이, 나는 일만 계속하지 않고 잠깐씩 무디어진 도끼를 갈았다네, 그리고 힘도 충전했네."

나는 하루에 세 가지로써 나 자신을 반성한다. 남을 위해 일을 함
에 충실하지 않았는가. 친구와 사귐에 미덥게 하지 않았는가. 스
승에게서 배운 것을 익히지 않았는가.

논어 학이편(論語 學而篇) ■

　공자의 학통을 계승했던 증자(曾子─曾參)는 공자의 제자 중에 학문의
성취가 가장 더딘 사람이었다. 그러나 매우 열심히 스승의 가르침에 충실
하려고 노력했던 까닭에 공자의 학통을 이어 나갈 수 있었다. 증자는 일
생을 이 세 가지로써 날마다 그 자신을 반성하여, 있으면 고치고 없으면
더 힘써서 스스로 다스리는 데 정성스럽고 절실하게 임했으니 가히 배움
의 근본이라 할 수 있겠다.
　우리가 생각하기에 이 세 가지는 일견 별 것 아닌 것처럼 여겨지기 쉬
우나 실제로 행하기는 무척 어려운 일이다.
　다른 사람을 이겨야 그 자신이 우뚝 서는 불합리한 구조 속에서 다른
사람을 위해 자신의 생각을 진실하고 정성스럽게 제공한다는 것이 어디
쉬운 일일까. 불신시대라고 일컬어질 만큼 사람의 사고가 경직된 곳에서
믿음 있는 벗을 가진다는 것은 얼마나 행복하고 다행스러운 일인가. 스승
의 가르침을 내내 되새기며 익히기를 게을리 하지 않는 성실함이 쉬운 일
은 아닐 것이다. 꼭히 스승이라 하여 학문을 계승한다는 측면에서의 스승
만이 아니라 배울 것이 있으면 모두가 스승이리라.
　옛부터 배움은 성인에게서 시작되었다는 말이 있는 것처럼 성인의 참
된 행실을 더 가까이 보고 따라야 하는 것이겠지마는 오늘날에는 성인이
기 이전에 자신을 살펴보는 일이 우선 되어야 겠다.

올바르게 되면 고요해지고, 고요해지면 분명해지고, 분명해지면
마음이 텅 비게 되고, 텅 비게 되면 인위적으로 하지 않아도 모든
일이 되지(이루어지지) 않음이 없다.

장자 잡편(莊子 雜篇) ■

　제일 먼저 올바른 일을 행해야 한다. 올바른 일을 하면 어떤 경우에도
자기의 마음을 안정시킬 수 있다. 그렇게 안정이 되었을 때 비로소 바깥
사회의 진정한 모습을 명찰(明察)할 수 있는 능력, 즉 명찰력이 생긴다.
사회의 참 모습을 명찰하는 능력이 생기면 그때에 비로소 자신의 마음이
허(虛), 즉 다른 일에 마음을 쓰지 않는 허심탄회(虛心坦懷)의 상태가 될
수 있다. 이 허의 상태가 될 경우에는 잔꾀를 부려서 인위적으로 하지 않
아도 어떤 일이건 다 이루어지게 마련이다. 이것이 인간에게 있는 희노애
락애오욕(喜怒哀樂愛惡欲)의 칠정(七情)에 마음이 동요되지 않고, 세상을
살아가는 방법이다.

　대학(大學)에도 이와 함께 할 수 있는 말이 있다. 머뭄을 안 뒤에라야
정함이 있고 정하여진 뒤에야 고요할 수 있고 고요한 뒤에야 편안할 수
있고 편안한 뒤에야 생각할 수 있고 생각한 뒤에야 얻을 수 있다. (知止而
后 有定 定而后 能靜 靜而后 能安 安而后 能慮 慮而后 能得 : 지지이후 유
정 정이후 능정 정이후 능안 안이후 능려 여이후 능득)

　물론 대학의 경우 지선(至善)에 도달하기 위한 방향의 제시를 한 것이
겠으나 장자의 경우에 있어서 허심(虛心) 속에서 능히 이룰 수 있는 방법
은 바른 행위와 고요한 마음이 바탕이 된다는 것을 말한 것이다.

세상 사람이 전부 자기를 칭찬한다고 해서 더 애쓰는 일도 없고, 세상 사람이 모두 자기를 비난한다고 해서 기가 꺾일 것도 없으며, 자기 자신과 밖에 일의 분수를 일정하게 알고 영예와 치욕의 한계를 분별하고 있으면 그 뿐이다.

장자 내편 소요유(莊子 內篇 逍遙游) ■

　위의 이야기는 지덕혜의 재능을 대단스럽게 여기는 사람들에게 보내는 송영자(宋榮子)의 냉소적인 행위를 장자(莊子)가 이처럼 이야기 한 것이다. 송영자라는 사람은 세상 사람들이 전부 자기를 칭찬한다고 해서 용기 백 배하여 더 일을 잘하지도 않는다. 또한 반대로 세상 사람들이 통틀어 자기를 헐뜯는다고 해서 의기소침하는가 하면 그렇지도 않다. 즉 그는 세상의 평판 같은 것에는 마음이 동요되지 않았다.

　위의 부분에 보인 장자의 본질적인 문제는 완전한 자유를 위한 행위, 즉 인간이 만들어 놓은 것에 대한 의지를 배제해야만 지인(至人), 신인(神人), 성인(聖人)이 누리는 완전한 자유를 가질 수 있다는 의미로 받아들일 수 있다.

　현대를 살아가는 우리들에게 지인, 신인, 성인이 가진 무소유의 완전한 자유를 요구한다는 것은 지극히 어려울 수밖에 없는 일이다. 그러나 송영자의 생활처럼 해야 할 어떠한 임무가 있다면 그에 따른 수행 방식을 정하여 열심히 주어진 현실을 살아간다면 주변의 칭찬이나 욕됨이 자신이 걸어가는 길을 막을 수는 없을 것이다.

　복잡다단한 이 시대를 살아가는 우리들은 자연히 주변의 소리에 귀를 기울일 수밖에 없겠지만 그 소리에 마음의 동요는 없어야 한다.

[긍휼(矜恤 : 가엾게 여김)을 베푸는 것은 한 가지만이 아니다. 돈보다 말로 할 수 있다. 돈과 말로 할 수 없을 때는 눈물로 할 수 있다.]

영국 [메트리] 훈장 ■

이 말은 1907년 영국 국왕이 간호사 나이팅게일에게 여자에게는 최초의 메트리 훈장을 수여했는데 그 훈장에 새겨진 말이다.

나이팅게일은 1854년 크림전쟁이 일어났을 때 간호 파견대를 이끌고 터키 스쿠타리에 도착, 야전병원에서 열악한 환경을 극복하며 환자들을 돌봤다. 그 때 나이팅게일의 애칭은 [등불을 든 여인]이었다. 그녀가 든 등불은 희망이었으며, 생명 공급 그 자체였다.

우리는 긍휼을 베푸는 것을 드러내려고 하는 시대에 살고 있다. 돈으로 모든 것을 해결하려는 시대에서는 남을 도우는 일이 오직 돈만이 할 수 있는 것으로 생각한다. 뿐만 아니라 돈이 아니라 마음을 쏟아야 할 일에도 몇 푼의 돈으로 그 일을 대신하려는 경향이 많다.

세상이 각박해질수록 인간에게 정말로 필요한 것은 따뜻한 인간의 정이다. 그렇게 절실한 인간의 정이 가장 순수하게 표현되는 것이 눈물이다.

눈물로 긍휼을 베풀 수 있다는 것은 그 만큼 진실하게 정을 나눌 수 있다는 것이다. 누가 슬픈 일을 당했을 때 눈물을 흘리며 함께 울어준 일이 있는가 되돌아볼 일이다.

그리고 내가 슬픈 일을 당했을 때 함께 울어주며 인정을 나눌 사람이 있는가도 생각해볼 일이다. 우리는 돈을 쫓아 사는 시대에 인간으로 사는 길을 스스로 찾지 않으면 안 된다.

주는 사람은 주인이 되고 받는 사람은 종이 된다.

M. 러블랑 ■

　인간의 삶은 물건이든 마음이든 주고 받는 사이에서 영위된다. 위에 인용한 말처럼 받는 것 보다 주는 것에 더 가치를 부여하고 있는 것은 예나 지금이나 마찬가지고 앞으로도 그럴 것이다. 주는 것과 받는 것에 대해 성서(聖書)는,

　주는 것이 받는 것보다 더 행복하다.

고 했고, 중국 속담에는

　강이 바다로 되돌아가듯, 베풀어진 물건은 준 사람에게 되돌아간다.

고 하는 말이 있어 주는 것에 큰 가치를 부여하고 있음을 알게 해준다. 그러나 주는 것이 그리 쉬운 일은 아니다. M. E. 몽테뉴는 그 쉽지 않음을

　빼앗는 것보다 주는 것이 더 어렵다.

고, 표현하고 있다. 그러나 베푸는 것은 베푸는 것의 일방통행이 아니다. M. K. 간디는

　인간 세상에서 주는 것은 교환하는 것이다. 그것은 일방통행이 아니다.

라고 말했다. 따라서 베풂은 소유의 다른 양상이 된다.

즐겁게 살려거든 주기 위한 주머니와 받기 위한 주머니를 가지고 다녀라.

J. W. 괴테 ■

인생의 목표는 즐겁게 사는 것이라는 해석을 한다고 해도 잘못된 것이 아니다. 즐거움 없는 인생은 각박해질 수 밖에 없기 때문이다. 그래서 괴테는 즐겁게 살기 위해서 주는 주머니, 받는 주머니 두 개를 지니라고 권하고 있는데, 그것은 주는 것이 인생을 즐겁게 사는 방법이 된다는 것이다. 문장에서 주는 주머니를 먼저 내 세운 것도 곰곰이 생각할 가치가 있다.

그러나 대부분의 사람들은 받는 주머니는 크게 가졌을지 모르지만 주는 주머니는 아예 가지지 않고 산다. 그렇게 사는 것은 괴테의 말을 따르면 즐겁게 사는 길이 될 수 없는 것이다.

주는 주머니를 가져야 한다는 생각은 [좌씨전(左氏傳)]의 다음과 같은 말과 연관시켜 생각하면 충분히 수긍할 수 있을 것이다.

베풂을 받는 자는 게을러지고, 베푸는 자는 그렇지 않다. (報者倦矣, 施者未厭 : 보자권의 시자미염)

이 말은 결국 베풂을 받는 자는 게을러져 일을 하지 않게 되고 일을 하지 않게 되면 인간 삶의 즐거움을 찾을 수 없는 것이다. 우리나라 속담에 '줄수록 양양'이란 말이 있는데 이것은 주면 줄수록 부족하게 여기고 자꾸 더 요구하게 된다는 말이다. 이런 생각들과 아울러 생각하면 위 명언들의 참 뜻을 알 수 있을 것이다.

예술 — 예술이야말로 지상(至上)이다! 그것은 사는 것을 가능케 하는 위대한 것, 삶에의 위대한 유혹자, 삶의 큰 자극이다.

F. W. 니체 [권력에의 의지]에서 ■

예술이 우리 삶에서 어떤 역할을 하는가 하는 관점에서 새겨볼 말이다. 인간은 모두 예술적인 삶을 지향하고 있다. 삶에서 자기가 하는 일이 모두 예술적이길 바란다고 해도 지나친 말은 아닐 것이다. 이런 삶의 희구는 모두 예술가가 되기를 원한다는 것과는 다른 차원이다.

여기에서는 예술이 우리 삶과 어떻게 연관되는가를 중심으로 한 명언을 살펴봄으로써 예술을 이해하길 권한다.

예술은 인생의 빵은 아니라도, 적어도 그것에 곁들이는 포도주이다.

-J. 볼-

예술은 인생을 정신적으로 활기 있게 하고 고무하기 위해서 있는 것이지, 인생에 대해서 니힐리즘의 차가운 악마의 주먹을 휘두르기 위해서 있는 것은 아니다.

-T. 만-

나의 예술은 가난한 사람들의 행복을 위해서 바쳐지지 않으면 안 된다.

-L. 베토벤-

예술은 우리에게 자연의 불가사의를 가르쳐 준다고 할 수 있겠다. 예술은 자연의 불가사의란 개념에 기초를 두고 있는 것이다.

-L. 비트겐슈타인 [반철학적 단장]-

문학이란 평범한 일들의 관현악 편곡이다.

T. N. 와일드 [문학]에서 ■

　문학이 무엇인가? 라는 문제에 답하기란 그리 간단한 일이 아니다. 그
것은 삶이란 무엇인가? 라는 질문에 답하는 문제와 꼭 같기 때문이다. 인
용한 와일드의 문학 정의는 이 사실의 인식 기반 위에서 이루어진 정의라
는 것을 알 수 있다. 문학은 우리의 삶이고, 그 삶의 부분들이 문자로 표
현되는 것이기 때문이다. 관현악의 높고 낮은 음들이 조화되듯 삶은 자질
구레한 일들이 뭉쳐진 것이다. 이런 인식의 기반 위에서 이루어진 문학의
정의는 수도 없이 많다.
　이를테면 폴 발레리의 문학론에서는

　문학의 목적은 인생의 목적과 같이 미정이다.

라는 정의나 E. 헤밍웨이의

　문학을 교과서에서 배운 사람은 한 사람도 없다.

　문학은 항상 인생을 예측한다. 문학은 인생을 복제하지는 않지만 그 목
적에 인생을 주조(鑄造)한다.

-와일드-

　문학은 인간을 미화(美化), 정화, 상승시키는 기능을 지닌다.
-임옥인 [생명미 탐구의 긴 오솔길]에서-

고 한 정의도 매우 의미 있는 진술이다. 이런 표현들은 결국 문학과 삶의
밀착성을 강조한 표현들이다.

음악은 참된 일반적인 인간의 언어다.

M. 베버 [데모크리토스]에서 ■

예술이 무엇인가를 단적으로 말하기는 어느 영역이든 쉽지 않다. 음악도 마찬가지다. 예술이 존재하는 이유는 인간의 삶을 정신적으로 고양시키기 위해서 있는 것이다. 따라서 이 책에서 예술에 대한 명언을 살펴보고자 하는 뜻도 예술이 우리의 정신생활에 기여한다는 전제에서 이루어지는 것이다. 단 한 마디로 정의되고 또 그것으로 이해할 수 없는 것이기 때문에 예술을 체험하고 그것에 대한 견해를 밝힌 것을 봄으로써 이해의 길로 갈 수 있는 것이다.

음악에 대한 이해도 이 방법을 통해 보자.

음악은 세계 공통어이다.   -J. 윌슨-

음악이 있는 곳에 나쁜 것이란 있을 수 없다.   -세르반테스-

음악은 뭇 소리 중에서도 가장 값진 것이다.   -T. 고티에-

음악… 그것은 우리를 세상에서 초월해서 떠다니게 해 준다.
-E. 크라이더 [지붕 밑의 무리들]에서-

음악은 인간으로 하여금 힘을 응시케 한다.
-나운영 [음악생활]에서-

음악은 하늘을 꿰뚫는다.   -C. P. 보를레르-

그림은 사상(思想)과 물상(物像) 사이의 어떠한 매개자이다.

S. T. 콜리지 ■

　그림이 무엇인가에 대한 물음에 가장 넓은 의미로 대답할 수 있는 말이라고 생각된다. 그림이 사상 만으로만 표현되는 것이 없지 않기 때문에 전부를 설명한다고 볼 수는 없지만 넓게는 이렇게 말할 수 있다. 우리가 그림을 이해한다는 것은 화가의 사상과 물상과를 매개하는 그 무엇을 안다는 것이다. 그러나 그것은 그렇게 간단한 것은 아니다. 이런 어려움을 M. 블라맹크는 [회화에 대하여]에서

　놀라운 그림은 맛있는 요리 같은 것으로, 맛볼 수는 있지만 설명할 수는 없다.

고 했다. 그래서 우리는 어떤 그림이 좋은 그림이라고 말하기 어렵다. 프랑스 화가 A. 르느와르는 좋은 그림을

　나는, 만일 풍경화라면 그 속을 돌아다니고 싶은, 또 만일 여성을 그린 것이라면 그녀들을 애무하고 싶은 것 같은 그림이 좋다.

고 했다. 예술에 대한 해석은 개인에 따라 다르다. 그래서 일본의 고바야시 히데오[小林秀雄] 같은 이는 다음과 같은 말을 남기고 있다.

　그림은 무엇을 가르쳐주지 않는다. 그림에서 무엇을 배우는 사람도 없다. 그림은 보는 사람 앞에 존재해 있으면 그만이다.

문화는 역사의 덩어리요, 역사는 문화의 근원이다.

김성식 [문화의 역사의식]에서 ■

　문화와 역사의 관계를 표현한 말이다. 김성식은 이 말을

　다른 말로 바꾸면 문화는 역사의 열매요, 역사는 문화의 뿌리다. 역사
가 있는 곳에 문화가 있고, 문화가 있는 곳에 역사가 있는 것이다.

라고 하고 있다. 문화와 역사는 그 개념 정의가 쉽지 않다. 문화와 역사는
상당 부분 같은 개념을 공유하기 때문이다. 이를테면 E. 프롬이 [건전한
사회]에서

　인간 그 자체는 끊임없이 계속되는 인간 노력의 가장 중요한 창조체요
완성체인데 우리는 그런 노력의 기록을 역사라고 부른다.

고 하는 것들이 그 예다. 또 문화와 사상이라는 것과도 애매한 부분이 없
지 않다. 문일평은 [사안(史眼)으로 본 조선]에서 다음과 같이 설명한다.

　문화와 사상이란 것이 절대로 다른 것은 아니다. 서로 영향을 미치며
서로 연락을 지어 문화가 사상을 배양하고 사상이 다시 문화를 탄육(誕育
: 부양하여 기름)하는, 말하자면 인과적 관계가 있다.

　이같이 문화, 역사, 사상 같은 말들의 개념은 확연하게 구분되기 보다
는 서로 연관되어 있는 것임을 알 수 있다.

"우리들이 묘지를 교회 근처나 사람들이 빈번히 오가는 곳에 설치하여, 리쿠르고스가 말하듯 일반 사람들이나 여자, 아이들이 죽은 사람을 보아도 두려워하지 않도록 순화시키며, 도한 해골이나 묘지 장렬(葬列) 따위를 늘 보임으로써 우리 인간의 조건을 깨닫게 해야 한다."

M. E. 몽테뉴 [수상록]에서 ■

인간이 가장 두려워하는 것이 죽음이다. 그러나 죽지 않을 사람은 없다. 사람이 가야할 마지막 길임에도 불구하고 죽음 그 자체를 받아들이기 싫어한다. 그리하여 묘지를 가까이 두는 것을 경계한다. 민족에 따라서 차이가 있긴 하지만 우리는 그렇다.

몽테뉴가 무덤을 가까이 두어 인간의 조건을 깨닫게 해야 한다는 말은 죽음이 삶의 연장이라는 생각에서 나왔을 것이다. 이런 생각은 묘지를 '하느님의 땅' 으로 부른 H. W. 롱펠로우의 생각과도 다르지 않다. 롱펠로우는,

옛 색슨 족들이 묘지를 하느님의 땅으로 부른 그 말을 나는 좋아한다. 옳은 말이다. 그 말은 그 곳을 성역화 시킬 뿐 아니라 잠든 흙까지도 축복을 불어 넣는다.

고 했다.

한 사람 생의 마지막 도착지인 묘지는 살아가는 사람들에게 많은 깨우침을 줄 수 있다. 그 깨우침은 다음과 같은 말에서 유추할 수 있다.

둘은 모두 6피트 가량의 당을 상속 받아 마침내 땅 속에서 평등하였다.
-J. R. 로얼 [유산]에서

숨 쉬는 작업도 끝마치고, 이 세상 모든 일도 끝내고, 그 미친 듯 했던 경주, 끝까지 달려와 보니 얻어진 영예는 한낱 구덩이로 알게 된 곳!
- A. G. 비어스 [악마의 사전]에서.

사치하는 사람은 부유하면서도 늘 부족하니 어찌 검소한 사람이 가난하지만 여유 있는 것과 같으랴. 능란한 사람은 애써 일하고서도 원망을 불러들이니 어찌 서툰 사람이 한가로우면서도 천성을 지키는 것과 같겠는가.

채근담(菜根譚) ■

사치를 행하는 사람은 사치의 끝을 알지 못하여 넉넉한 재물을 가진 부유한 사람일지라도 늘 부족함에 갈증을 느끼며, 검소한 생활로 일관하는 사람은 가난한 가운데에서도 여유를 갖고 살아간다. 맹자(孟子)에 보면 항산(恒産 — 일정한 생업)과 항심(恒心 — 올바른 마음)의 관계를 말하면서, '일정한 생업을 가지지 않으면 올바른 마음을 가질 수 없으니 그 마음이 없다면 방탕되고 편벽되며 사악하고 사치스러운 생활을 그만둘 수 없다.'고 말한 바 있다.

사치스러운 생활이란 그 분수를 넘어선 생활이기에 그의 생업이란 것도 그의 사치를 채워줄 탐욕스러운 마음을 떨쳐버릴 수 없다. 이와는 반대로 공자(孔子)가 가장 아꼈던 제자로서 한 광주리의 밥과 한 바가지의 물을 먹으며 누추한 거리에 살면서도 근심하지 않았던 안연(顏淵)은 다른 사람들이 가난을 근심할 때 오히려 가난한 생활 속에서도 즐거움과 여유를 찾고 지냈다.

또 재능을 가진 사람은 재능 때문에 해야 하는 일이 무수히 많아 몸과 마음은 수고롭지만 그로 인해 오히려 원망을 살 수 있고, 반면 어리석은 사람은 소박한 생활로 일관하기 때문에 그의 본성을 온전히 지키며 살면서 편안한 마음을 가질 수 있다.

곧 잘난 체 하는 것보다 어리석은 것이 낫다는 것이다.

•지혜보다
밝은 눈이
어디있으랴

죽음은 영원한 잠이다.

J. 푸세 ■

❧

　죽음을 잠으로 보는 사람은 J. 푸세 외에도 많다. 19세기 영국 시인 바이런도

　죽음은 인간을 울리게 하는 것이다. 그럼에도 불구하고 인생의 3분의 1은 잠 속에서 지낸다.

고 하여 죽음을 깨어나지 못하는 잠으로 보는 것이다.

　죽음이 무엇인가를 이해하기 위해서는 위인들의 임종의 말을 살펴보면 스스로 이해하게 될 것으로 본다.

　나는 위대한 여행을 찾으러 간다. 막을 내리라. 익살극은 끝났다.

-F. 파블레-

좀 더 빛을!　　　　　　　　　　　　　　　　　　-J. W. 괴테-

잠잘 수 있다. 겨우 잠잘 수 있다.　　　　　　　　　　　-뮈세-

죽음은 나에게 괴롭지 않다. 나의 고통을 제거하므로.

-오비디우스-

나는 태어났을 때 죽기 위해 태어났다.　　　　　-W. 드리먼드-

"안녕, 그럼 또."하고 말해 두자. 또 만나게 되는 것이니…….

-M. 트웨인-

죽음은 인생의 종말이 아니다. 일생의 완성이다.

M. 루터 ■

죽음이 인생의 종말이 아니라 일생의 완성이라고 하는 루터는 이 말에 이어,

그러므로 죽음을 두려워하는 것만큼 어리석은 일은 없다. 이렇게도 추한 일생의 사적(事蹟)을 지니고 신 앞에 서는 것이야 말로 무섭다.

고 했다. 이 말은 어떻게 죽느냐 하는 것보다도 어떻게 살았느냐를 문제 삼는다는 것이다. 그러나 사람은 누구나 죽음을 가장 두려워한다. 러시아 작가 도스토예프스키는 그 이유를 생을 사랑하기 때문이라고 했다.
위에서 루터가 한 말은 생에 대한 집착, 조금이라도 오래 살기 위하여 저지르는 어리석음을 경계하자는 뜻으로 읽는 것이 좋을 것이다.
그 외 죽음에 관한 명언들을 몇 가지 더 들어본다.

죽음은 옷을 벗고 바람 속에 섬이요, 햇볕에 녹아듦이다.
-K. 지브란 [예언자]에서-

죽음은 벌이 아니다. 죽음이란 것은 감각이며 수고며 죽기 전의 공포 다.
-J. 사클링-

죽음이란 결코 무서운 것이 아니다. 죽음처럼 우리의 생명을 정화해주 는 것은 없다.
-정비석 [제신제]에서-

•지혜보다
밝은 눈이
어디있으랴

가끔 죽음에 대하여 생각을 돌려라 그리고 미구에 죽을 것이라고 생각하라. 어떠한 행동을 할 것인가 하고 그대가 아무리 번민할 때라도 밤이면 죽을런지도 모르겠다는 생각을 한다면 그 번민은 곧 해결될 것이다. 그리하여 의무란 무엇인가? 인간의 소원이란 어떤 것이라야 할 것인가? 곧 명백해 질 것이다. 아아! 명성을 떨쳤던 사람도 죽고 나면 이렇게도 빨리 잊혀지는 것일까.

소포클레스 ■

소포클레스는 그리스 최대의 비극 시인이다. 그가 인간이 살면서 가끔 죽음을 생각하라는 말은 생을 열심히 살아야 한다는 것을 강조한 것이다. 우리가 살아가면서 갖는 번민이나 의무, 소원도 죽음을 생각하면 그것들이 얼마나 하찮은 것인가를 깨달을 수 있다고 보기 때문이다. 그렇다. 죽음을 생각한다면 우리는 좀 더 인생을 대범하게 살 수 있지 않을까 생각된다.

죽을 각오로 일하면 이루어지지 않을 것이 없으며, 죽음 앞에서 우리가 무엇을 용서할 수 없겠는가. 그리고 소포클레스가 명성 있는 사람도 죽고 나면 왜 이렇게 빨리 잊혀 질까 하는 탄식도 삶을 떳떳하게 해야 한다는 의미를 갖는 것이다.

레오나르도 다 빈치도 열심히 사는 것이 훌륭한 죽음을 준다는 뜻으로 다음과 같은 말을 남겼다.

열심히 일한 날은 잠이 잘 찾아오고, 열심히 일한 일생에는 조용한 죽음이 찾아온다.

이 명언들이 주는 교훈은 죽음을 생각하며 삶의 바른 길을 찾자는 것이다.

인간의 참모습은 살아있을 때보다 임종을 맞을 때 확실하게 나타
난다.

죽음을 어떻게 맞이해야 하는가? 이것은 결국 삶에서 가장 중요한 것일
수도 있다. 죽음을 맞이하는 사람들의 이야기를 통해서 삶을 어떻게 살아
야 할 것인가를 생각해 보자.

세기의 영웅, 나폴레옹은 사람들이 부러워할 것은 다 가진 사람이라고
할 수 있다. 지배와 소유의 정상에서 인생의 성취감도 누렸다. 그런 그가
죽을 때 "내가 진정 행복했던 때는 단 6일 밖에 없었다."고 고백했다.

그러나 나폴레옹에 비해 어렵게 인생을 산 헬렌 켈러는 듣지도, 보지
도, 말하지도 못하는 삶을 살았지만 말년에 과거를 회상하며 "내 인생은
기쁘고 행복한 나날이었다."라고 했다고 한다.

또 인도를 정복한 최초의 모하메드 교도인 마모우드는 '행복의 궁전'이
라고 불리는 매우 화려한 궁전에서 권력과 물질을 향유하며 지냈다. 그는
죽음이 임박했을 때 자신이 소유했던 진귀한 보물과 돈, 의상, 그릇들을
전시하게 한 다음, 그 전시품을 어루만지고 "이 보물들을 얻기 위해 나는
수고와 위험과 긴장을 견뎌왔다. 이제 이 보물의 주인은 누가 될 것인가.
이 모든 것을 남겨두고 떠나야만 하다니……."하고 눈물을 흘렸다고 한
다.

이런 이야기를 보면 중국의 성왕(聖王) 요임금이 국경을 지키는 관리가
오래 사시라고 측원을 해 올렸더니 그 축원을 사양하면서 수즉다욕(壽則
多辱), 즉 오래 살면 욕을 많이 당한다고 한 말이 생각난다.

박수를 쳐주게 벗들이여! 희극은 끝났다.

베토벤 ■

교향곡 제5번 [운명]으로 유명한 루트비히 판 베토벤의 마지막 말이다. 친한 친구들에게 둘러싸여 임종을 맞은 그의 이 말은 우리들에게 죽음을 맞이하는 위대한 정신을 생각하게 한다. 베토벤의 이 말은 유태인 지혜의 보고인 탈무드에서 논한 죽음에 대한 지혜와 바로 연결되어지고 죽음에 대한 생각을 고치게 한다.

화물을 만재한 배가 두 척 항구에 떠 있다. 한 척은 출항하려고 하고 있으며, 한 척은 막 입항한 것이었다. 사람들은 대부분 배가 떠나갈 때에는 성대하게 전송하는 데 들어올 때에는 별로 환영하지 않는다.

탈무드에 의하면 이것은 대단히 어리석은 습관이다. 떠나가는 배의 미래는 알 수 없다. 폭풍을 만나 가라앉을지도 모른다. 그것을 왜 성대하게 전송하는 것일까. 긴 항해를 끝내고 배가 무사히 돌아왔을 때야말로 커다란 기쁨이 되는 것이다. 그것은 한 가지 임무를 완수했기 때문이다.

인생에 대해서도 마찬가지로 말할 수 있다. 아이가 태어났을 때에는 모두가 축복한다. 이것은 아이가 마치 인생이라는 바다에 배를 띄운 것과 같은 것으로써, 그 미래에는 무엇이 있을지 모른다. 병으로 죽을지도 모를 것이며, 그 아이가 무서운 살인범이 될지도 모른다. 그러나 사람이 영원의 잠에 들었을 때, 그가 인생에서 무엇을 해 왔는가를 모든 사람이 알고 있으므로, 이 때야 말로 사람들은 축복해야 하는 것이다.